U0011627

SECRET SOCIETIES AND CRAZY CULTS : The Story of Secret Orders Through the Ages

祕密會社與邪惡教派

以神為名的殘酷密令

Jonathan J. Moore

強納森·J·摩爾 ——— 著

柯松韻 ——— 譯

SECRET SOCIETIES and CREEPY CULTS

CONTENTS

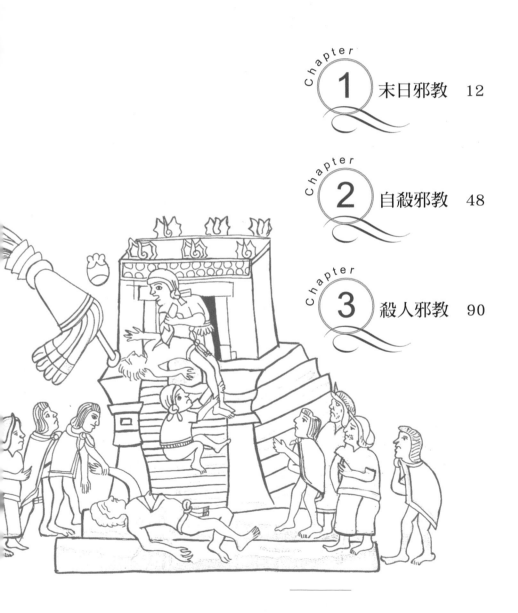

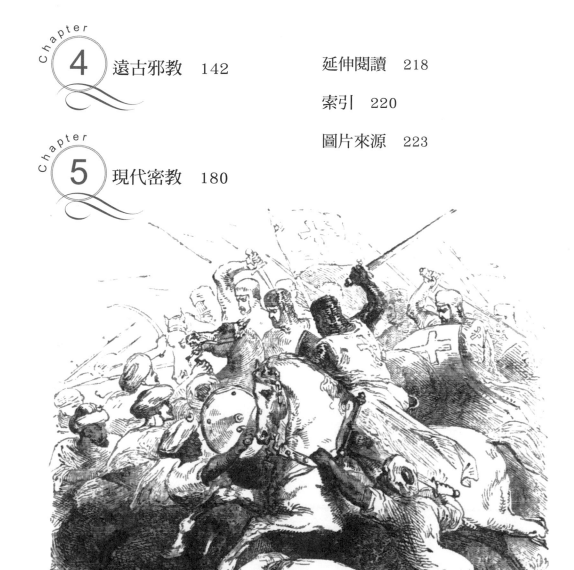

導言

　　歐洲在鐵器時代，雙手縛在身後的年輕人被帶往沼澤濕地。來到池沼前的硬地邊緣，他們先遭棍毆、刀刺，然後勒殺。殺戮者劃開他們的喉頭放出鮮血，再用柳樹或榛樹細枝將沉重的石塊綁在屍體胸口並推入水中，以確保屍體能沉在水下。什麼樣的信仰導致如此恐怖的殘殺？為何崇拜神明要伴隨這樣的暴力行為？

一部暴力史

　　我們或可想像，現代團體應已脫離這些野蠻行徑，但相關證據並不那麼令人信服。綜觀人類歷史，則顯示惡名昭彰的異教與祕密會社已對無數人造成難以形容的苦難。中世紀時，伊斯蘭教阿薩辛派（Assassins）崛起於歐亞大陸的十字路口中東地區，利用獻身真神阿拉的狂熱及大量提供麻醉藥物建立恐怖統治。藥物在中美洲的阿茲特克（Aztec）文明也扮演重要角色，若史料來源可信，在某次事件中，墨西加地區（Mexica）的眾統治者與分封諸王便在喝下含致幻成分的飲料後，當場見證僅在三天內便殺害高達八萬人的犧牲祭典。正如阿茲特克人以殘忍的活人獻祭震驚早期歐洲征服者，西班牙的宗教裁判所也以棍棒、火刑與勒殺刑求並殺害教內基督徒。當阿茲特克人犧牲成千上萬人作為嗜血神祇的祭品，宗教裁判所官員也藉耶穌這棄絕暴力與世俗財物的先知之名大開殺戒。但印度的圖基教派（Thugs）才是真正的絞殺專家，某些成員自稱曾獨力勒殺數百名無辜旅人。

　　數百年後的中國，太平軍領袖洪秀全（一八一四－一八六四）因一連串夢境靈視而相信自己是耶穌之弟。接下來十年中，數千萬中國人死於這群叛軍引發的大肆殺戮。洪秀全並開啟為後世諸多教派承襲的趨勢，即在禁止追隨者發展男女關係時，他卻名副其實地妻妾成群——數量甚至多到後宮女子

左圖：天主教會宣揚和平、愛與謙卑。但也會毫不猶豫地燒死任何異議者。圖中，一名荷蘭的重浸派信徒（Anabaptist）正被送入火中。

數百年的武術傳統令義和拳民相信自己能刀槍不入。

只有編號而無名字。太平軍的後繼者——義和團——是個誤信用武術和紅頭巾便能抵擋西方槍彈的異教。

　　基督教也創造不少極端教派。其中大衛‧柯瑞許（David Koresh，一九五九－一九九三）領導的大衛教派堪爲代表，這位在各方面都很平庸的領導者，卻極善於對自願追隨者洗腦。不過至少在最後那場教眾被消滅的戰鬥中，柯瑞許不是開第一槍的人，不像吉姆‧瓊斯牧師（Jim Jones，一九三一－一九七八）逼迫教眾喝下摻有氰化物的飲料後，實行史無前例、也是至今唯一一次大規模「革命自殺」。

　　末日教派在科學與現代科技出現後數量激增。由麻原彰晃（一九五五－二○一八）領導的奧姆真理教，其長期目標包括利用下毒方式摧毀日本政府。二○一八年，麻原因其計畫拙劣但造成多人死亡的東京地鐵沙林毒氣攻擊事件而受絞刑死亡。

　　馬歇爾‧艾波懷特（Marshall Applewhite，一九三一－一九九七）在自己預言的末世決戰中未能倖存。他那些缺乏生活目標的教眾，因為想搭上海爾－波普彗星後方的太空船升到更高次元而結束自己的生命。他們的計畫直到警方闖入教派總部時才首度為世人所知。他們躺在總部內的數十張床上，穿著慢跑褲與耐吉運動鞋，先服下毒藥，再用塑膠袋罩住頭部窒息而死。不過，至少艾波懷特的「天堂之門」（Heaven's Gate）教眾是自願赴死；而「太陽聖殿教」（Solar Temple）的死亡成員則未必皆是如此，該教派於一九九○年代在諸多法語國家從事活動，許多成員為了逃避這世界的邪惡，而被槍殺或用刀刺死。

仇恨兄弟會

　　異教團體的核心任務是透過更多的共同信仰形式證明其精神優越性，其他組織則是因仇恨結合的兄弟會，他們唯一的目的就是用暴力壓制組織成員，或為個人利益剝削他們。希姆萊把納粹國防軍武裝親衛隊（SS）裝扮成新時代的黑衣騎士，但他們的真正作用，是用來消滅約計六百萬歐洲猶太人與一千一百萬的斯拉夫人及其他人種，他將殺戮慾隱藏在圖勒協會（Thule Society）這個神祕主義團體連篇累牘的裝神弄鬼歪理之下。與之相似的，是不死鳥般不斷重新崛起的三K黨（Ku Klux Klan），他們試圖向美國白人灌輸對非裔血統同胞的憎恨，美國聯邦政府多年來一直想從根拔除這團體，但其成員總會隱藏行跡，然後再次出現危害社會。三K黨與納粹黨用類宗教術語及偽哲學來主張他們自稱相對其他人種的優越性。日本的極道組織和西西里島黑手黨之類的犯罪團體用祕密行為來隱藏罪行。但與其支配控制其他人種或社會群體，這些組織更傾向使用極端暴力或以此為威脅手段，向無助的「老百姓」勒索金錢。

三K黨是美國社會中邪惡的不死鳥。對它的禁止只會令其再次興起。

幽靈組織

　　當這些異教以駭異行為令人驚怖，另外還有些更隱密並迴避外界關注的團體。像共濟會（Freemasons）與光明會（Illuminati）這些幽靈般的組織常被指控試圖以其想像概念操控全世界。但這些組織只是因行跡詭祕而令人畏懼嗎？他們有可能真的是良性組織嗎？

　　這麼多祕密會社，為人所知的卻很少，自然是因為行跡隱密之故。成員入會前，必須宣誓不得將其隱密行為公諸於世。有時成員之間亦不得公開彼此的會員關係。十八世紀的巴伐利亞光明會與十七世紀的薔薇十字會熱衷於改良社會，試圖挑戰君權神授帝王統治下的古老封建秩序。而挑戰背後隱含的，是他們相信天主教與新教教會乃透過迷信及恐懼令數以百萬計信徒臣服的共謀者。其中特別是想以理性與人權為根基開創新紀元的光明會。但他們也知道，這麼做會促使其強大對手試圖抹黑並摧毀他們。會社成員也都清楚被基督教權力當局貼上「異端」標籤的危險。

　　相似的還有德國文藝復興時期（Renaissance Germany）興盛一時的「聖費姆會」（Holy Vehm），其目的是消滅強盜貴族（robber barons）或劫匪幫派的犯罪活動。他們會在夜深人靜時逮捕、折磨及懲罰暴力犯罪者。但若他

共濟會已存在數百年，圖為西元一八〇〇年的入會儀式。會員通過此儀式得到權力與影響力。

們的目標察覺到這些私法制裁者的身分，即使只是蛛絲馬跡，也會很快招致血腥報復。因此保持隱密才是生存之道。

　　像共濟會與「祕密共濟會會員獨立會」（Independent Order of Odd Fellows）這類組織的成員身分自始便對外保密，以確保成員之間能相互寬慰與支持，而不致被認為私心偏袒。這些世界性組織有約定的符號與暗語，好讓處於不同大陸的分會弟兄能辨認彼此身分。這些組織直到近年才為了與現代世界維持聯繫而掀起神祕面紗。但一九五四年由歐美菁英領袖創立的畢德堡會議

許多世紀以來已有數千異教徒被活活燒死。宗教裁判官有權將受害者先絞死再上火刑柱，但仍有許多受害者活活被火焰吞噬，在極端痛苦中死去。

（Bilderberg Conference）則依然如故；他們的巨大影響力至今仍舊只能令人遐想。

　　希望讀者諸君喜歡這趟極端教派與祕密會社之旅。本書內容或許令人震驚，陳述的事實也許很難核實，但已是我們傾盡所有努力接近的真相。

　　　共濟會與光明會這樣幽靈般的組織常被指控試圖以其想像概念操控全世界。但這些組織只是因行跡詭祕而令人畏懼嗎？他們有可能真的是良性組織嗎？

末日邪教

　　屬於末日教派的宗教除了以信仰體系操控成員之外，還有些其他共同點。比如所有教派都相信世界末日即將到來，只有其領袖能帶領他們度過將臨的末日災難。他們也相信自己是被揀選的子民，其他人則將痛苦地死亡或下地獄。新興的此類教派亦稱為「生存主義者」或「末日準備者」，他們為預防「迫在眉睫」的文明崩潰危機而遷離主要人口聚居中心，以鬆散的家庭形式共同生活。

米勒派

　　一八四三年時，在新英格蘭的數個教區，以及紐約州羅徹斯特市塔尖山附近的居民之間，出現一種不尋常的現象。夜復一夜，數以千計善良的米勒派信徒，會來到當地所能找到的最高處，穿著平滑的白色「升天」袍，高舉雙手，凝望上空，等待一道白色聖光將他們帶上天堂。另有許多人在墓地遊蕩，相信墓中死者會爬起來與他們一同升天。這些狂熱分子理所當然地相信，只有他們將在來世得到上帝的慈愛，其他人則會被送入永恆的地獄烈火中。

　　這些人是一位名叫威廉・米勒（William Miller，一七八二－一八四九）的浸信會牧師的追隨者。米勒牧師預言，耶穌基督將於一八四三年三月至一八四四年三月之間再次降臨。這預言來自一段聖經經文（《舊約聖經》《但以理書》第八章第十四節），宣稱耶路撒冷的聖殿將要重建，兩千三百日後並有新的王國出現。由於聖經學者通常認為經文中的「日」指涉的是「年」，因此米勒推估的審判末日，將發生在波斯王頒布停建聖殿諭令的西元前四五七年往後推的兩千三百年，屆時唯有忠實相信基督真言之人能上天堂。信仰如此堅定的他，懷抱這純正的動機開始巡迴全美，據他自己估計，約舉行了四千五百次演說。支持者還為他做了頂最多能容納四千人的超大帳篷，並帶著這帳篷隨牧師四處奔波，結果在他為迫在眉睫的世界末日作出激切警告時，平添幾許嘉年華會氛圍。

　　數千位信徒甚至因此變賣所有世俗財產，只帶隨身衣物和一件升天袍，向留在東岸的親友道別後便上路。

　　到了一八四四年，這時可能已有多達五萬人受洗加入該新教派。但這年的三月來了又過，出乎忠實信徒意料之外，當初宣稱

米勒派的預言歷史年表試圖透過「科學方法」證明世界將在一八四三年終結。作法通常弊大於利。

將隨「基督再臨」而到來的新時代並未出現（這宗派的另一個名字就叫再臨宗）。接著有人想到，米勒牧師是用基督教曆法而非猶太曆法推算預言，信徒便將升天的「真正」日期延後到四月二十三日；但這天到了又過去，仍舊不曾出現聖蹟。於是他們讓上帝再擲一回骰子，並捏造出一八四四年十月這個新日期。當這第三個日期到來，世上的其他人並未因天降硫磺烈火而遭毀滅或被帶到地獄深處時，那些極渴望藉此淨化這個星球的人經歷了一場所謂的「大失望」現象，大批信徒因此離開這個宗派。失望的追隨者此時一貧如洗，想到自己錯付的信任，必定覺得難堪不已。

　　儘管米勒派有大量信徒失去信念，他們的先知仍堅持之前只是算錯日期，審判日即將到來。此時雖然大多數人認為這場宗教運動帶來的危險多於利益，仍有一小群追隨者堅持他的末日災難觀點，並建立數個新教會，其中之一就是基督復臨安息日會（The Seventh Day Adventists）。

這幅諷刺漫畫的內容是米勒派信徒與其用來度過末日毀滅的物品：有火腿、雪茄、白蘭地，甚至有把用來防火的扇子。

啟示錄

《新約聖經》充滿大量積極正面的訊息，其中卻有一部與其他福音書明顯不協調的作品，那就是《啟示錄》。大半神學家將其內容視為內在掙扎的隱喻，其他人則認為這部作品預視了大多數人將面對的可怖命運，其中充滿令人恐懼的景象：天國落下神聖的鐮刀、天使清除地上的罪人、多達兩億人的軍隊、地震、燃燒的高山崩裂墜入海中、蝗蟲、惡龍、有七顆頭的怪獸等等。

然這許多預視景象的美妙之處，就是讓基督教的末日教派如米勒派或大衛教派，能從中選取任何想要的段落來證明世界的終點即將到來。

基督教不是唯一相信末日災難的宗教。虔誠的穆斯林便期盼末日審判時，救世主伊瑪目馬赫迪與耶穌將騎著白馬現身與偽彌賽亞大戰[1]。佛教徒相信遙遠的未來會有七個太陽毀滅地球。印度教徒則盼望毗濕奴降世，祂同樣騎著白馬，將會終結破壞女神迦梨的時代。

無人確知《啟示錄》的作者是誰，但應是寫於公元六十至七十年間。它曾被認為大半內容在攻擊暴虐的羅馬帝國，因為成書年代是以迫害基督徒為樂的羅馬皇帝尼祿在位期間（公元三七─六八年）。代表敵基督的數字666，以古希伯來字母代碼[2]拆解亦指向尼祿，七顆頭的怪獸則被認為指的是羅馬城的七座山丘。

這份一○八六年手稿的畫面，就是《啟示錄》中宣稱將開啟世界末日的七頭怪獸。屆時唯有真正的信徒才有希望倖存。

1.Messiah，源於亞拉姆語，是猶太教、基督教及伊斯蘭教的共通宗教術語，意為上帝派至人間的救世主。
2.Gematria，以特定古希伯來文字母與數字替換指代的數字祕數，是猶太教卡巴拉派的解經方式之一。

震顫派

　　震顫派不像大多數末日教派執迷於死亡與毀滅；他們在歌唱、舞蹈與藝術作品中尋求喜悅。然而，他們確實相信自己是被揀選的子民，以及世界末日即將到來。但此教派並非因末世決戰的災難及救世主基督復臨而終結。由於震顫派奉行禁慾生活，最後也幾乎因此逐漸絕跡。

　　十八世紀中葉，震顫派在英格蘭與美國先後興起，最初名為「基督復臨信徒聯合會」，堅信救世主基督會在聖靈的中介下，以女子之身於千禧年降臨並淨化這個世界。他們相信上帝會透過他們宣說福音，這顯示在其狂熱的舞蹈及口說靈語的行為中，也讓他們因此得到「震顫派」這一別名。

　　一七七〇年，修女安・李（Mother Ann Lee）自稱是第二基督，能直接與上帝和亞當及夏娃溝通，她以得自上帝的告誡建立教規，也就是教派成員必須棄絕性行為與婚姻。出於某些原因，這理念吸引了數千名追隨者，至一八四〇年代，美國各地已出現許多震顫派社區。數千年輕男女透過舞蹈與藝術表現他們的喜悅，性愛的狂喜被聖靈充滿取代。

排成數排的震顫派信徒在紐約市一處會議廳中起舞。狂熱的舞蹈與虔誠引發的狂喜取代了為教規所禁的性愛關係。

《啟示錄》中有許多令人畏懼的生物，但末日教派可視其所需，任意解釋牠們所代表的恐怖警示。

　　到了十九世紀晚期，教眾數量開始衰退，但直到二十世紀中葉，美國頒布禁止宗教機構領養孤兒的聯邦法令時，才真正敲響教派的喪鐘——因為這個禁慾教派只能以此方法維持成員數量。

　　至二〇一九年，已知的震顫派社區只剩三個。但出於此教派的藝術作品與家具在收藏界則一直頗負盛名。

　　他們相信上帝會透過他們宣說福音，顯示在其狂熱的舞蹈及口說靈語的行為中，也讓他們因此得到「震顫派」這一別名。

太平天國

洪秀全的故事證明，即使再不起眼的人，也能成為教派領袖並改變歷史。他宣稱自己是耶穌基督之弟，引發一場差點覆滅滿清政權的革命，並導致歷時多年，最後可能超過五千萬人死亡的戰爭。一如許多末日教派信徒，洪秀全認為末日將隨彌賽亞一同降臨，只不過這一次，他宣稱彌賽亞就是他自己。

洪秀全出身於弱勢的漢人客家族群。在文化上，客家人與主流漢人及統治中國的滿洲人不盡相同，但他們仍努力在中國的社會階級中往上爬。而大多數人若要受人敬重，主要途徑便是藉由科舉考試證明自己深諳儒家思想以成為政府官員。

家境貧困的洪秀全是家中最小的兒子，因早年聰明過人，家族便支持他讀書參加科舉考試。習慣於家人稱讚寵溺的他通過縣試後，接著在較嚴格的府試[3]中連續三次落榜。第三次落榜導致他精神崩潰，並突然發作連續數週的高燒及精神錯亂。

從精神錯亂恢復正常後，他找到新的人生道路──那就是成為先知兼上帝之子。他作了個典型的世界末日夢境，事後他敘述道，夢中有個老人，他認出那是上帝，上帝交給他一把劍，要他掃蕩世上的鬼魔；此外夢中還有個他確認為耶穌基督的中年男子，給他無比珍貴的告誡，教他如何淨化這因鬼魔而動蕩不安的世界。

他與好友馮雲山（一八一五－一八五二）共同創立「拜上帝會」並開始傳教。但這新教團的教義基礎並非謙遜與和平，而是痛擊仇敵──尤其是滿洲統治者。這逐漸壯大的教派以此吸引數千貧窮農民，不久後，一支龐大的非正規軍便在鄉間四處橫行，摧毀一切反對者。

一八五三至五四年間在上海城外的太平軍。數百萬農民成為一心要在地上建立天國的狂熱聖戰軍隊。

3. 縣試與府試是明清科舉制度中最基本的地方考試，通過府試者稱為童生，再通過院試者為生員（即俗稱的秀才）。有生員資格才能參加全國性的鄉試與會試。

　　一八五一年一月十一日，洪秀全將其王國定名為「太平天國」，並自封「天王」。他開始實施一連串激進措施，如廢除苛捐雜稅、將征服的土地分給貧農、屠殺滿族官員、富家大戶須盡捐家產才能免於一死。禁止飲酒、賭博、纏足及吸食鴉片、女子地位與男子平等。洪秀全麾下此時已有百萬大軍，使太平軍幾乎佔據全中國三分之一的省分。他並藉上帝之名制定獎懲：任何戰死的太平軍士兵保證能立即上天堂，逃兵則被打入永恆的地獄。

　　漸漸地，洪秀全的妄想日增，並露出偽善面目。太平天國的一般民眾不得發展男女關係，但洪秀全與分封諸王卻妻妾成群。一八五三年攻陷南京後，他便消失在廣大宮殿中與妻妾同樂並吸食鴉片，雖然這也可能是敵方對他的詆毀。但正如無一例外的許多教派領袖，領袖本人與核心圈人士另有一套不同規則。

　　當他一面作著天國大夢，一面滿足個人慾望時，滿清政權也正用外國傭兵發起反擊。無數村鎮與城市毀於政府軍的報復攻勢，在後續收復過程中，造成至少兩千萬或甚至高達五千萬人死亡。這是一場全面戰爭，雙方都採焦土策略使敵方無法取得補給，過程中據估計約有六百座城鎮夷為平地。一八六二年，南京被政府軍包圍，但洪秀全拒絕囤糧，堅信上帝會出手相助，給予太平天國所需的物資。毫不意外的是，上帝並未出手，到了一八六四年，這位自封的天王死於食物中毒，也有不同史料說他自殺身亡。此後，滿清政權對客家族群展開恐怖報復，數十萬人遭到屠殺，客家語言與文化幾乎因此而遭毀滅。

滿洲政權在「洋鬼子」的幫助下，才得以鎮壓太平軍叛亂。數千萬中國人因此而死亡。

大衛・柯瑞許與大衛教派

　　許多教派在外界看來相當平和。其成員可能讓人覺得有點奇怪或不食人間煙火，但總體來說，這些群體表現得團結並安於現狀。但也非全都如此，這許多團結的教派中，也有教派的成員會為權力而發生激烈鬥爭。

　　其中大衛教派（Branch Davidians）就是再真實不過的案例，一九八〇年代，一名平凡的樂手維儂・郝威爾（Vernon Howell）逐漸控制這個教派，而他唯一的真正才能卻是自我宣傳，以及對槍枝的熱愛。

　　基督復臨安息日會（簡稱安息日會），一如其名是由米勒派衍生的基督教派，也同樣期待基督再次降臨。而「基督復臨安息日會大衛宗」（Davidians）則是一九三〇年代由基督復臨運動主流派中分裂出的附屬團體，一九五五年他們再次分裂，此時創造出新支派「大衛教派」。而「大衛宗」與「大衛教派」都相信自己活在耶穌基督即將再次降臨的時代，因此頗易令人混淆。

青年宗教狂

　　維儂・郝威爾生於一九五九年八月，母親邦妮・蘇・克拉克當時還是個未婚少女，父親名叫鮑比・韋恩・郝威爾。他父親很快便消失無蹤，他則接連被幾個社會適應不良的親戚撫養長大。維儂在校表現不佳，常被分至特殊教育班。他念到初中時輟學，直到二十歲出頭時才發現自己真正的才能——即選取《聖經》段落並隨己意解釋運用。他很年輕時便加入母親所屬的安息日會支會，並愛上牧師的女兒。他神奇地從《舊約》《以賽亞書》中「找到」這句「無一沒有伴偶」，試圖用這句神聖的宣言說服牧師將處子之身的女兒交託給他。但牧師顯然一眼認出這是個江湖騙子，並將他逐出教會。

　　維儂將他善於蠱惑的目光轉向另一個教派，於一九八三年加入大衛教派。在校時他是個優柔寡斷的青少年，但此時已從隨和的孩子逐漸轉變為宗教狂。擁有過目不忘記憶力的他，空閒時便讀《聖經》，熟到可隨意引用《舊約聖經》大段經文的程度。後來他也利用自己百科全書般的經文知識，將《聖經》段落轉化為語言武裝來證明自己的論點以贏得神學辯論。

歷史上有許多先知皆自稱是重生的基督。他們也藉此從忠實追隨者身上取得至高無上的權力。

新領袖，新名字

　　大衛教派成員本是群無害的怪人，在美國德州韋科郡一座莊園中自治生活。但維儂加入後，便立即挑戰原本內定將繼承教派領袖的喬治‧B‧羅登。他不僅在《聖經》知識上勝過羅登，還與當時已領導教派數十年的羅登之母有染。

　　露易絲‧羅登姊妹[4]此時年紀已六十好幾，但維儂對兩人的年齡差距毫不介懷。喬治‧羅登與其母皆自稱彌賽亞，而維儂認為，他與這位年長女性發展關係能讓他更接近上帝。

---

4. 基督徒對教會中女性教友不分年齡輩分的通稱。

維儂·郝威爾，又名大衛·柯瑞許，能對教眾滔滔不絕地演講好幾個小時。

　　維儂與喬治開始各自聚集追隨者，以備露易絲·羅登去世後兩人不可避免的攤牌。當維儂自稱是地球上真正了解上帝話語的人而得到更多支持，也更大張旗鼓地主張領導權。他還說自己在前往以色列的旅途上得到的天啟中，揭示了他是上帝的羔羊。只有他能打開第七封印並啟動世界末日。而他，維儂·郝威爾，將帶領十四萬四千個被揀選的子民進入基督的新紀元5。

---

5. 在《啟示錄》中，羔羊即為耶穌基督的代稱，而十四萬四千人則指猶太民族十二支派各有一萬兩千人被揀選的總和之數。

在許多人看來這可能已夠瘋狂，但事實上他比喬治‧羅登理智得多。當教派女家長露易絲終於過世，真正的權力之爭隨即展開，羅登決定與這年輕的篡位者來場復活之戰，以證明自己在靈性上更為優越。他認為自己能比維儂更快將一位死去多時的教友復活，於是對這位勁敵發出挑戰，宣稱誰能更快將死人復活，就能被公認為「當世先知」。

大多數人都認為這種行為太不正常，但羅登的支持者卻起勁地接下這個挑戰。他們帶著十字鎬和鏟子湧向莊園中的墓地，挖出可憐的老安娜‧休斯的棺木，她是二十年前以八十四歲老處女之身去世的教友。他們將一面大衛之星旗覆在棺上，接著羅登開始祈禱神蹟出現，讓這個女人復生。

此刻，維儂並未瘋到跟著捲進這計畫，他與一隊支持者帶著重型武器去搶這具棺木，好讓羅登被控侮辱死者罪。羅登等人被發現後，雙方爆發槍戰，教派成員嘗試解決歧異時本應和平的過程，卻用上半自動武器與強力步槍。當地警長來到現場後，逮捕了持槍行兇的大衛教派成員，維儂與他的支持者似乎為此在牢裡拘留了很長一段時間。

維儂與其支持者拖了很久才被法官以謀殺未遂罪名起訴，但所有罪名最後都遭撤銷。事後證明，這對喬治‧羅登而言是場慘痛的勝利，他先在槍戰中受了傷，日漸增加的古怪行為又讓他反覆出入監獄，然後在一九八九年，因精神疾病被判入精神療養院。

發生這些轉變後，維儂‧郝威爾搬進莊園，並開始隨己意扭曲原本和平的大衛教派。隔年是一九九〇年，他改名為大衛‧柯瑞許（David Koresh），這名字明顯透露出他的動機。大衛這名字當然是將自己與古以色列統治者的皇室血脈綁在一起，並暗示他就是新的基督。柯瑞許則有多重意義，其一是消滅巴比倫王國的波斯帝國居魯士大帝（Cyrus）之名的變形。另一種解釋是這名字代表「毀滅者」之意──意味著在他的想像中，將自己改名為「毀滅者基督」。

鞏固權力

接下來幾年間，柯瑞許的行為完全符合典型的異教運作模式。他成了善與惡的仲裁者；這個社區完全依賴他，他也在這些耳根子軟的教眾之上形成絕對權威。

新領袖接管後，剛開始時，鄰近的牧場出現一些好事。傾圮的屋子拆了，成堆垃圾與老舊車輛也清運掉。許多較大建築重新整修，還建了座威嚴的塔

> 大部分教眾都同意變賣所有財產，或將社會救濟金支票簽字轉讓給新領袖。在莊園外有工作的人，則被鼓勵捐出百分之九十的收入給大衛教派，並嚴格阻止他們與外界的家人和朋友有任何接觸。

樓。然而任何有軍事背景的人都能在這些改善中看到不祥的徵兆。這些大型建築以水泥加固，並配置輕型槍械以防入侵。這座塔樓能讓柯瑞許一眼望遍整個區域，也讓教眾遠遠就能辨識出威脅。他們還清理殘餘瓦礫，砍掉樹木，留出一片必要的防火帶。地面下的工作較不明顯，他們挖了水井，並將一輛巴士埋入地下當作簡易碉堡。還挖了許多隧道，用一連串木造堡壘與防禦工事連接起整個莊園建築群。在最大的建築下方，則是門上加裝防護鋼板的地下武器儲藏室，這個軍械庫只有柯瑞許有唯一一套鑰匙。

當新領袖柯瑞許將硬體設施改造為日後知名的「天啟牧場」（Ranch Apocalypse），他也開始形塑追隨者的思想。此時他們已被操控，並習於在缺乏物質享受下長時間勞動，柯瑞許便在這基礎上加強其服從性。他控制教眾攝取的食物量，以確保他們永遠處於饑餓中。在少量早餐後接著是少量午餐，而通常沒有所謂的晚餐。他們必須經常禁食，但柯瑞許會對偏愛的教眾額外發放口糧，或將食物作為獎賞，以削弱其他教眾的力量。

大部分教眾都同意變賣所有財產，或將社會救濟金支票簽字轉讓給新領袖。在莊園外有工作的人，則被鼓勵捐出百分之九十的收入給教內，並嚴格阻止他們與外界的家人朋友有任何接觸。新的收入來源並非作為慈善活動或計畫的資金；相反地，柯瑞許用這些錢來發展自己的軍火生意。自此莊園內經常聽到自動槍械開火聲，所有教眾都配發槍枝並接受訓練。混雜其中的還有引爆手榴彈與炸藥包的激烈爆破聲。他還購入大口徑機槍，讓這教派更像監獄而非宗教機構的最後跡象，就是經常可見武裝警衛在莊園周圍巡邏——如此是為將教眾圈禁在內，並將入侵者阻擋在外。

家庭成員都被拆散分至專屬男人、女人與兒童的不同宿舍。妻子不能伴隨丈夫，孩子由其他成人照顧——這是異教領袖的經典伎倆，是為確保在教中只有與他本人才能建立有意義的人際關係。

就像人民聖殿教（Peoples Temple）的吉姆·瓊斯牧師（Jim Jones），柯瑞許也熱愛自己的聲音，會不分晝夜在任何時間召集疲憊的追隨者聆聽漫長迂迴的聖經論述。柯瑞許常在營養不良的教眾望著他的時候吃冰淇淋或啜飲汽水，

柯瑞許在全球各地召募教眾。如本圖中的國際教友,對外在世界呈現友善的面孔。

但更糟的可能是召集所有教眾來聽他猛刷電吉他強力和弦。據說他的演奏刺耳、走調又落拍。當他連彈了幾小時爛音樂,最後終於大發慈悲讓他們去睡覺時,可憐的教友想必大為感謝上帝。其他時候,柯瑞許會為教眾播放電影,但不是塞索・戴米爾(Cecil B. DeMille,一八八一──一九五九年)導演的《十誡》(*The Ten Commandments*),而是《前進高棉》(*Platoon*)和《現代啟示錄》(*Apocalypse Now*)這類暴力電影。

　　身為蹩腳樂手兼狂熱的聖經佈道者就夠糟了,但柯瑞許很快又加上一條不可原諒的罪行──戀童癖與強暴犯。柯瑞許以典型的宗教大師式雙重思考[6]宣布,他之所以是彌賽亞,部分正是因為他能理解自己是個罪人。正是犯罪讓他能夠了解飲酒、詛咒與沉迷女色對人的腐蝕有多強大。

6.double think,典出喬治・歐威爾的反烏托邦小說《一九八四》,意指同時接受兩種互悖信念的行為。

恐懼的文化

　　柯瑞許決定，住進大衛王新王國的必須是他神聖的子嗣——需要二十四名後裔作為統治新時代的元老。他們的責任是決定世界末日後還能繼續存活的人選。教內（實際上包括全世界）所有女性都成為他的財產。剛開始還只是單身女性，但很快地，已婚女性也被召喚至這位先知的床上。

　　《聖經》中《詩篇》第四十五篇有一節細述用「喜樂油」塗抹帝王的頭，柯瑞許把這解讀為陰道分泌物，他以此為據，視為與眾多妻子進行無限制性生活的許可。有些教內夫妻認為這步跨得太遠，但多數人還是屈服於這新的惡行。於是最後的道德障礙也克服了。莊園中越來越少的訪客與來訪的教徒家人注意到，教中年滿十歲的女孩身上佩戴著大衛之星。這種六芒星圖形有多重意義，但在大衛教派，意味著這些女孩都將是柯瑞

上圖：《末日四騎士》（Four Horsemen of the Apocalypse），阿爾布雷希特·杜勒（Albrecht Durer，一四七一－一五二八）的版畫作品。末日教派的領袖都期盼末日四騎士消滅除了其信徒外的所有人類。

左圖：維儂·韋恩·郝威爾與第一任妻子瑞秋及他們的兒子居魯士。他很快就指定更多「妻子」，並想要成為二十四個小孩的父親。

許的妻子。柯瑞許還在莊園外買了幢大屋安置他後宮中年輕的母親與孩子。教眾學會了害怕彌賽亞。小孩只要擋了他的路或不遵從指示，屁股就會被打得皮破血流。有些孩子會被鎖進地下室的小房間，直到被認定學會教訓為止。

　　許多異教領袖用建立恐懼文化讓教眾服從規矩，像是恐懼教外人士，以及建立「我們」對抗「他們」的概念。在這點上柯瑞許絕對是箇中高手，他打造出末日迫在眉睫的氛圍，像是與不義的非利士人的最後對決即將到來；在不信上帝者的手下殉教值得期待；一定能復活並在大衛王身邊享有一席之地等。柯瑞許用盡雄辯者的一切技巧讓追隨者對即將來臨的衝突做好準備。他會把心志不堅的人帶到一旁，用上全副魅力及說服技巧打消其最後的疑慮。長達數小時的福音佈道中，他會向教眾警告外部世界的邪惡意圖與誘惑，而長期被剝奪睡

在美國德州韋科郡槍擊案現場路障附近的兩名菸酒槍炮及爆裂物管理局武裝幹員。

眠兼營養不良的信眾沒幾個能抗拒這種洗腦。正如一名前任教眾說：「有時候你會滿心怨恨，想要反抗，但又會意識到自己要反抗的是上帝的話語。」

　　柯瑞許開始與越陷越深的追隨者，包括他的隨扈「勇士」（Mighty Men）[7]談起自殺是完全的美德——如果不能為上帝的羔羊而戰，那麼他們至少可以為他而死。就連孩童也被教導做好自殺準備的必要。一名年輕教眾回憶道，柯瑞許向孩童說明，開火前最好把槍管放進嘴裡，他還解釋，如果槍管抵在頭側，會很容易只造成表面皮肉傷。

　　並不是所有人都買這些廢話的帳。在韋科包圍戰的最後時刻，有些女人和小孩想要逃走，結果都被槍殺。

---

7. 典出《舊約聖經》《撒母耳記》中「大衛的勇士」（The Mighty Men of David）。

包圍戰

　　柯瑞許日漸增加的古怪行徑引起官方警覺，認為「天啟牧場」很不對勁。多個執法機構開始注意這地方，包括菸酒槍炮及爆裂物管理局（以下簡稱ATF）及當地警方。柯瑞許自己也注意到逐漸增加的外界關注，部分是因報紙上對他的不利報導。為此他宣布末日決戰即將發生在韋科郡，並召集來自英國與澳洲的教眾集中並整理資源以備即將發生的衝突。

　　「上帝的羔羊」已準備妥當。此時莊園內堆著數箱手榴彈與超過三百件武器。其中包括突擊步槍、貝瑞塔半自動手槍與格洛克九毫米手槍。男女教眾在莊園周圍設置二十四小時警戒崗哨，教眾的警戒提高，即使日常活動期間，身上都帶著上膛的武器或一串手榴彈。而最令人不安的可能就是莊園內主要建築群中四散的易燃裝置，只要一點燃，就能讓建築群在致命的大火中毀滅。

　　這是個包括性虐待、宗教狂熱、高度武裝教眾，以及柯瑞許的末日靈視的打火匣，只等著在德州平原上點燃。而 ATF 一場拙劣的突擊行動點燃了導火線。

　　有幾個原因讓 ATF 選擇以軍事行動對付一個其中滿是高度武裝宗教狂熱分子的莊園。有人認為 ATF 想用一場媒體宣傳的勝利從國會取得更多預算，但ATF 堅持這是他們的標準行動程序。無論動機為何，這都是最終超過百人死亡的滔天大錯。柯瑞許經常進城去酒吧和樂器行，而耐心與計畫不足的 ATF，原本大可趁他遠離狂熱追隨者與致命軍火庫時直接逮捕他。

　　相反地，在一九九三年二月二十八日，上百名著防彈背心並配半自動武器的 ATF 人員，大張旗鼓地前往天啟牧場。空中還盤旋著從國民警衛隊借來的攻擊直升機。這支 ATF 分隊用了幾輛大卡車，甚至還有裝甲運兵車，以軍事戰鬥部隊之姿抵達莊園。這場行動八個月前便開始計畫，幹員並花數週時間在實物仿造的大衛教派建築中演練攻擊戰術。他們下卡車後展開攻擊時，熱切的情緒遠超過實際所需。攻擊隊伍分成三組：一組從高樓窗戶進入攻佔軍械庫，另一組去逮捕柯瑞許與他的「勇士」們，還有一組去保護女人與孩童。

　　男女教眾在莊園周圍設置二十四小時警戒崗哨，教眾的警戒提高，即使日常活動期間，身上都帶著上膛的武器或數枚手榴彈。

　　當第二組闖進主要入口並高喊「聯邦幹員！我們有搜索令」時，雙扉門開著，柯瑞許就站在那兒，他將門甩上，突然間，整個莊園被槍械開火聲吞沒。這群幹員被這場完美風暴逮個正著。教眾從窗內或牆後向幹員開火，他們跟蹌奔向掩蔽物時，又有手榴彈拋過來，炸得他們不省人事，還被彈片炸得血肉模糊。教中的狙擊手突然從莊園各處，包括隧道口及這片區域制高點的新建四層塔樓現身開火。許多 ATF 幹員是退伍軍人，從沉重的開火斷音認出是五〇機槍，它的十二毫米子彈能穿透輕薄掩蔽物，甚至能擊中停在將近一公里外的媒體轉播車。

　　實際上，現場的媒體剛好顯示了 ATF 的誤判程度。原本的目標是趁清早男人在田野工作，其他人在教堂祈禱時發動第一波突襲。然而柯瑞許從各方外洩線索得知突襲即將發生，甚至連本地及全國性媒體也知道可能有不尋常的事要發生。他們在黎明前的微光中開車到現場架設攝影機與錄音設備。柯

聯邦調查局包圍德州韋科郡期間發生了大火。柯瑞許火焰熊熊的末日災難預言隨之成真。

瑞許得到這麼多末日災難將至的警告，於是讓教眾武裝起來做好準備。緊接著發生的交火中，有四個 ATF 幹員死亡，十六人重傷。這場揭開序幕的戰鬥中，教眾的死亡人數相當，但直到數小時後 ATF 的人員才終於撤出。

聯邦調查局（FBI）的談判人員想與莊園內聯絡，安排雙方停火。此時柯瑞許受了傷，但理智還在。顯然他想溝通的關鍵訊息，就是他將扮演的揭開第七封印這個角色。即使身側中彈、建築內還有輕型槍械彈射聲、上百個憤怒教眾決心打完所有彈藥，但他心中最重要的，就是與本地聯邦調查局探員來場聖經辯論。

除了一些小型戰鬥外，這場衝突從二月二十八日至四月十九日期間陷入包圍戰。在五○機槍炮火下，M113 裝甲運兵車不易防守，因此撤走，改用 M2 布雷德利戰車，在莊園周圍形成裝甲包圍圈。一面由聯邦調查局進行談判緩解緊張情勢。

剛開始他們的談判對象似乎還算理性，允許年老及年幼的教眾離開莊園。安排的條件是，讓柯瑞許連同所有教眾向政府投降前，透過全國性廣播頻道進行一小時佈道。

聯邦幹員與被包圍的大衛教派信徒興奮不已，教眾正收拾為數不多的個人物品，巴士已調來準備載他們離開。但事情並未如此順利。這時柯瑞許得到上帝的訊息，告訴他留在原地等待後續發展。正如一位疲憊的聯邦調查局談判人員所說：「你沒法跟上帝爭辯。」

燃燒吧

事實上，「上帝的羔羊」不願再作任何妥協。所有孩童可以離開莊園，只有他的後裔，也就是他所謂未來的末日審判者除外。因為交出他的後裔，就形同放棄他的神學理論。在柯瑞許的想像中，剩下的孩子共享著他的 DNA，也就是上帝的 DNA，絕不可交給黑暗勢力。

聯邦調查局將對莊園的攻擊升級，但不用肉體暴力而改採心理戰，整夜在大衛教派的土地上以最大音量播放怪異刺耳的聲響，包括屠殺綿羊與家畜的聲音以及不和諧的樂音。這些戰術再結合泛光燈與雷射光，讓夜空如同白晝。此舉的目標是要削弱抵抗意志，卻適得其反。事實上，聯邦調查局的舉動正中柯瑞許下懷。他已讓追隨者相信他們是「上帝的戰士」，將與末日代理人戰鬥，而聯邦調查局的這些行動恰好證明他的預言正確無誤，並讓教眾戰鬥至死的決心更加堅定。

　　柯瑞許不能也絕不會投降。包圍戰拖得越久（當時這已是美國史上最長紀錄），他就變得越堅強。但柯林頓政府則非如此。拖到第五十一天，總統決定要聯邦調查局採取行動，否則他將顏面盡失。於是他們再次落入柯瑞許的股掌之中。

　　幾個月來，聯邦調查局一直想用催淚瓦斯與特殊改裝的戰鬥工程車將被包圍的教徒趕出莊園。在四月十九日清晨，兩輛戰鬥工程車抵達莊園，在寬邊牆體上挖出破口，投入催淚瓦斯迫使大衛教徒離開。再用擴音器大聲宣告，催促他們離開莊園，並告知聯邦調查局不會開火。但直到六小時後都無人出來，接近中午時，大衛教徒開始行動。

　　柯瑞許展開他騙術統治下的最後行動。這時由他最忠實的信徒動手點燃遍布建築群中的燃燒彈。火苗迸發，幾分鐘內莊園便燒了起來。有九個教眾跟蹌逃出，其餘的則困在燃燒的煉獄中，被竄起的火焰吞噬，或被墜落的瓦礫與水泥梁柱埋在地下。

　　有的人是被柯瑞許的「勇士」所殺。其中五名孩童胸口有刀傷，一個孩童頭部被砸破。有些教眾被燒到無法辨識身分，但有些人背部有彈孔，表示是在逃離時被人以處決方式槍殺。

　　柯瑞許與他最親近的支持者一同被發現。兩人頭部都有單一彈孔。何人先行死亡不得而知，但柯瑞許沒有勇氣死於他摯愛的世界末日火焰中，也不像背叛他的追隨者選擇省力的方式逃出。這位上帝之子到頭來才被發現是個儒夫。

　　連最初槍戰中的死者在內，共有七十六名大衛教派成員死於這場最終行動。遇難者中還包括二十二名兒童。

這是美國的一種特殊現象，社會上的一種新團體。他們自稱「末日準備者」或「生存主義者」，目標則是要在導致文明崩潰的事件中生存下來。

基督教的末日預言者應該要覺得他們是幸運兒，因為他們要面對的威脅只有敵基督重返人間，以及撒旦與耶穌的大戰。而末日準備者要擔心的事就多得多了。他們害怕的包括核子戰爭與其導致的輻射落塵、生物武器、化學武器、全洲級的自然災害、全球自然災害、彗星撞地球、石油產量達到頂點導致經濟崩潰、他國入侵、政府用權力侵犯並剝奪公民的持槍權利與自由，以及全球乾旱。（無疑地，許多末日準備者的意識深處甚至隱隱期盼著外星人入侵或殭屍病毒瘟疫。）

這些擔憂在生存主義者心中是非常真實的，很多人為確保未來的安全，甚至採取比最瘋狂的異教更誇張的極端措施。他們囤積大量食物、水與藥物。這些物資當然有保存期限，因此保存這些必需品的成本十分高昂。也有許多人為此搬到荒郊野外，以嚴格安全標準建造保壘式建築，還備有迷彩套裝與夜視鏡。並教導所有家庭成員生存技巧：包括採集野生食物、取得淨水，當然還有擊退覬覦這些寶貴資源的敵人。

任何末日準備者都會配備適用全天候的軍械。AK-47 自動步槍以堅固耐用及久經驗證的嚇阻威力成為最熱門的武器。十字弓與斧頭作為高效率戰鬥武器且不太需要維修，需求量也頗高。末日準備者與許多異教的共同點在於，因世界觀越發偏執並將幻想代替真實，而很容易與家人親戚疏離。但話說回來，也有可能他們才是對的！

下圖：十字弓因為幾乎不太需要維修，而成為末日準備者偏好的武器。

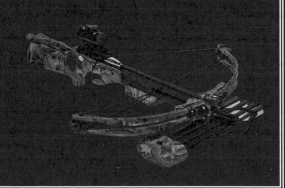

奧姆真理教

　　一九九〇年代中期，日本的末日教派「奧姆真理教」擁有超過兩億美元資產，每年的營運周轉估計約十億美元。這位半盲的教主麻原彰晃決定運用這些資產來度過即將發生的末日決戰。他向教內核心圈的狂熱崇拜者信心十足地預測末日近在眼前。一九九三年，他強烈主張這個世界即將進入前所未有的大毀滅，只有麻原彰晃本人與其忠實支持者得以倖存。如果世上的超級強權未能觸發核子災難，麻原便將用自己的資產讓它實現。

　　麻原本名為松本智津夫，一九五五年生於八代市一個平凡小村的底層家庭，是個貧困榻榻米織工的兒子，家中連他共有九個小孩。松本在胎兒時便因貧窮而營養不良，他在嬰兒時罹患青光眼，導致一眼全盲，另一眼視力也大幅衰退；六歲進入鄰近的熊本市一所盲人學校。入學之後，松本發現，比起其他學生，自己憑著殘餘視力便可脫穎而出。其他人可能會用這點優勢往好的方向發展，但才六歲的松本便顯露他的真面目。他操控同儕、索取賄賂、霸凌同學，並用暴力與邪惡性格達到目的。甚至多年後他的同學仍記得關於小松本的一件事：他是個惡霸。同時還因各種計謀而變成富有的惡霸，高中畢業時，他的銀行存款數字已頗為可觀。

　　一九七七年，這個年輕人前往東京，取得針灸師執照並成為藥草治療師。他同時開始涉獵東方宗教，於一九八四年成立「奧姆神仙會」，這是個小型冥想工作坊，也販賣健康治療與相關書籍。該團體的早期成員回憶道，奧姆神仙會是個有趣的組織，成員很快發展到三千人，但未能持續多久，就被其宗師的黑暗面所掌控。

　　其後松本到處旅行，他趁達賴喇嘛不注意時「蹭」了張亂入合照，然後用這張照片吹噓自己與備受尊崇的西藏統治者是程度相當的修行者。松本乘著這股宣傳之風振翅高飛，使他的陰暗幻想在團體中得到更多關注。一九八六年，他宣稱自己已得解脫，隔年便將團體改名奧姆真理教，同時自己也正式改名為麻原彰晃[8]。此時發生了兩個關鍵變化：他先在富士宮市買下大片土地，不久後這裡將變成龐大的教團總部。而教團的目的也從個人救贖轉變為從邪惡力量手中拯救世界。

---

8. 麻原（Asahara）與阿修羅（Asura）諧音，彰晃（Shoko）則與釋迦（Śākya）諧音。

奧姆真理教的創教者麻原彰晃，仁慈的外表下隱藏著對人類的恨意。

　　隨著他的妄想前景變得陰暗，教派也到了必須擴張之時。年輕貌美的教徒巡遊日本各地網羅潛在教徒。他們用性愛、宣傳技巧，甚至藥物召募孤獨而脆弱的日本人。這些召募團變得越來越邪惡，最後甚至用上暴力與威脅恫嚇募集教徒，並強迫他們轉讓世俗財產。另一件必要事物則是巨額金錢。麻原在日本第一次創業倒閉，是因為用橘皮泡酒精冒充萬用藥而被政府關進牢裡。但這次詐騙比起從千萬名被洗腦的新增教徒身上榨取的財物來說就只是小兒科了。

　　教主的洗澡水一公升可賣數百美元；但追隨者都渴望喝上一口以得到他的智慧。他的一小瓶血更昂貴，但仍比不上一小瓶 DNA（即精液）。含有大師「能量」的小徽章要價上千美元，最令人驚奇的騙術則是實驗對象要用每

教眾戴著「同步腦波儀」，相信能幫他們直接連通麻原彰晃的腦波。

月數千美元租用「同步腦波儀」。這古怪的頭戴裝置布滿電極與電線，可讓穿戴者連通教主卓越的思考模式。後來教眾極度依賴這虛假的新發明，甚至宣稱拿掉裝置後經歷了精神崩潰。

奧姆真理教的多數教眾是被狠狠榨財的在家信徒。教團以開悟之名開設各種昂貴課程，如要價數千美元的「進階超能力函授課」，但最終被開啟的只是忠實信徒的錢包。不過，比起住進教團總部並放棄所有世俗財產，拱手獻給教團的全職追隨者，仍能持續正常生活的在家信徒就幸運多了。他們只能攜帶一箱衣物，必須將房地產、銀行帳戶與繼承遺產都交給教團。一旦被教團組織掌控，他們就得被迫全天候在不管是印刷或製造衝鋒槍的教團企業工作。只能得到水蒸蔬菜之類吃不飽的微薄飲食，睡在擁擠的男女分離宿舍。禁止性關係，而所有女性出家信徒只屬於教主。持續的思想灌輸成了每日例行公事，並嚴格禁止一切與外界的接觸。

許多出家信徒察覺自己犯下可怕的大錯，但也發現不可能離開。富士宮市總部成了用鐵絲圍籬包圍的每日二十四小時武裝警衛巡邏軍營。一旦有人想逃，都會被受過專業訓練的綁架隊找出下落帶回總部。當這些隱密行為的流言開始外洩，麻原也從一個危險的怪人成了謀殺犯。

殺戮任務

奧姆真理教第一個為人所知的受害者是個十四個月大的嬰兒。一九八九年十一月，教團「特別行動組」潛入律師坂本堤家的臥室（他當時正在進行一件針對奧姆真理教的團體訴訟），先對他的幼子注射致命藥物，接著再將致命針頭用在他的妻子與他本人身上。再一次試探法律後，教團便從對一個家庭滅門的殺手，進一步發展為大規模謀殺的兇手。

麻原的教團累積了大批令人生畏的致命武器與裝備。遍布日本各地的分部也堆滿教團的裝備。有架被拆解的前蘇聯攻擊直升機正等待重新組裝。在富士山腳下鄰近教團總部處，有一座名為「富士清流精舍」的高級金屬加工廠。廠中滿是熔爐與車床，有一百多名員工正在生產 AK-47 自動步槍的零件，附近還堆著生產克維拉防彈背心的原料。奧姆真理教也投資尖端雷射科技，並從事先進光學實驗，意圖將雷射作為毀滅性武器。教團還有些研究員用巨型微波爐進行實驗，試圖發展有殺傷力的質子光束。這只是其中一項大過牽強的計畫，但微波爐在此另有用途：就是用來將教眾的屍體變成一灘棕色爛

日本律師坂本堤與其家人。這一家三口在麻原的命令下遭謀殺，屍體分別埋在日本的不同地點。

泥。

　　麻原組織的俄羅斯分部野心更大，他們忙著到處求購前蘇聯的防空飛彈、T-72 戰車，甚至核子武器。並有前特種部隊軍人訓練教團核心幹部使用攻擊性及防禦性武器的戰術。短短幾年後，麻原彰晃便擁有數千名洗腦後願為教主赴死的教眾。

　　奧姆真理教的化學與細菌武器部門，則比這些可怕的末日裝備更加致命。肉毒桿菌毒素是對人類殺傷力最強的物質之一。這種微生物的譜系依毒性分為數種，其中 A 型肉毒桿菌最為致命，據說毒性比番木鱉鹼高一千六百萬倍，只有前蘇聯殺手所用的放射性同位素能勝過它。只要一微克（百萬分之一公克）就能殺死一個人，微量使用可造成食物中毒，而最致命的狀態下則是一種邪惡的神經毒素，會阻斷人體傳送基本訊息至神經系統；進而使心臟忘記跳動，肺臟無法呼吸。

　　對奧姆真理教來說，這武器的美妙之處在於，幾乎要花上一整天才會出

現症狀。屆時這種毀滅性毒素就會在東京這種大都會氾濫，等到有人發現時就太遲了。奧姆真理教不僅擁有數公斤這種致命粉末，還有噴灑肉毒桿菌毒素的設備。一九九〇年四月，教眾開車穿越東京市中心並繞行政府部門所在區域，一面噴灑無色的致命毒霧。其目的是摧毀政府並同時接管殘局。

數百萬日本人忙於日常生活時，第一次肉毒桿菌實驗未能發揮作用。由於這種致命病菌是厭氧病原體，因此一曝露在氧氣中便立即死亡；奧姆真理教缺乏對預期受害者散播毒物的有效方法，這對成千上萬日本人來說真是幸運。一九九三年六月，教團於皇太子婚禮遊行時再次嘗試散播病毒，麻原還親自坐進行動用的廂型車，意圖消滅皇室家族與數百名外交使節。

這個瘋狂計畫再次失敗，但麻原不屈不撓。接著在東京市中心一棟八層大樓中建立生物實驗室，目標是培養炭疽桿菌，並準備對無辜的日本民眾施放。這種劇毒微生物的拉丁文學名為 Bacillusanthracis，它險惡的孢子透過呼吸或從割裂的傷口進入血流而被受害者攝取，在此之前，可在土壤中冬眠數年。這種粉末是致命的毒劑，二〇〇一年美國曾發生一起事件，許多聯邦機構收到內含劇毒炭疽桿菌孢子的匿名信。這些神祕信件造成五人死亡，多人感染，美國政府幾乎因此停擺。感染者的死亡過程極度痛苦。吸入孢子幾天後先是輕微發熱，接著轉為嘔吐與高燒。等到病菌肆虐體內的免疫系統，身上的水泡破了之後，膚色會變黑。血液也幾乎變成黑色，肺中充滿液體，身體最後因缺氧而停止運轉。或許奧姆真理教提供了他們靈感。

奧姆真理教的野心遠不止殺死五個人。東京的教團總部屋頂，有個用發電機帶動強力風扇的巨型工業級噴霧器，他們連續四天以此向東京市中心大量排放含炭疽菌孢子的蒸氣。教內的科學家連續幾天穿著密閉式生化防護服守在危險的噴霧器旁，讓發電機日夜不停運轉。小型植物因此死亡，當地許多飛鳥墜落，居民也抱怨空氣中的異味。然而這次無人死亡；看來這種散播方式找不到能接觸東京居民的傳染媒介。

一九九二年，一隊富裕的教團成員來到如今更名剛果民主共和國的非洲薩伊共和國。這個至少四十人的團體中包括教主本人，他們帶著大量現金，公然宣稱是來幫助因伊波拉出血熱而病倒的人。他們的真實任務其實邪惡得多，是來取得伊波拉病毒樣本以繼續發展他們的惡魔計畫。這種致命疾病的恐怖本質卻正是麻原想要的末日情節，然而這組人馬是否安全地將活體病毒成功帶回日本則不得而知。

以上只是一些由教團策畫的詭異生化戰陰謀。但是當這些計畫最後全都失敗，有一場實驗，也就是生產沙林毒氣，以可怕的代價獲得了成功。

致命的計畫

　　教團總部座落在風景如畫的富士山下，區隔成不同的建築群，每座建築都在麻原的致命計畫中扮演某種邪惡角色。位於總部核心的是七號真理館，一座單調無趣的三層建築。入口附近有一尊印度教毀滅之神濕婆的雕像，頗適合這個走廊和廳房裝滿製作神經毒氣之化學前體[9]的封閉迷宮。這個耗資一千萬美元建造的先進化學加工廠有百名員工，使用高級防護措施，並有武裝警衛確保只有保密級別最高的教徒才能接觸這棟建築中的極度機密。廠內用氣密隔板加建安全夾層以及除汙室，以便員工脫下增壓生化防護服。七號真理館的目標是每日生產八公斤液態沙林，直到累積滿七十公噸為止。麻原的嗜血慾極強；平均而言，從皮膚吸收六毫克沙林就能達到致死量，兩百五十公斤就能消滅華盛頓特區市中心的所有人口。

　　第一次沙林毒氣攻擊是場可恥的失敗。一九九四年早春時節，教團派出一輛特製沙林灑藥車去殺害一位競爭宗教組織的領袖。參與行動的教眾都穿上全套防護服，這輛卡車也配備了沙林噴灑系統。但這套複雜的散播毒物方法不夠簡單安全，還導致貨車起火。於是突擊隊有一人曝露在毒素中，其他人則作鳥獸散。這位中毒成員幸運地活了下來，因為他和其他隊員出發前都用了沙林解毒劑。

　　如果要將沙林從液態轉變為可噴灑的氣體，首先必須加熱到高於室溫，但過程顯然有極高風險。在第一次攻擊的慘敗後，他們在一輛兩噸冷凍貨車上裝了更複雜的裝置，在改良後的新攻擊模式中，有三個沙林貯存槽、一個電腦控制加熱器和一個散播這種致命氣體的風扇。六月二十七日，這輛裝備齊全的死亡貨車前往離教團總部一百公里外的松本市。本來是以法院為目標，但意外的延遲讓這組人抵達美麗的山城時，已來不及將車上的致命貨物噴灑在法院大樓中。麻原決定除掉松本市法院，包括三名法官，是為防教團在當地的一樁土地買賣糾紛得到不利判決。但三位身為恐怖攻擊目標的法官，此時在一個小型住宅區內，於是貨車停在法官住所附近的小廣場上。

　　攻擊小隊停下貨車，為彼此注射沙林解毒劑，穿上防護服，啟動毒氣散播裝置。不久後毒氣煙霧湧入密集住宅區，先在貨車周圍形成白色雲霧，接著散開降至地面，微風吹送中在這個小社區飄蕩。

---

9. 在化學領域，前體是指可以參與化學反應的化學物質，其反應結果將生成另一種化學物質。

警方突襲奧姆真理教六號真理館，麻原被發現躲在祕密夾層裡。

　　調查者後來得以追蹤致命氣體的蹤跡，是因樹木、草皮、灌木以及小動物和鳥類，都在接觸致命毒霧不久後便死去。毒氣滲入鄰近土地，睡覺時關上門窗的居民僥倖躲過一劫，只發生類似流感的輕微症狀。其他人就沒這麼幸運。初始症狀各異，但通常會劇烈咳嗽，接著瞳孔縮小或視力減退、暈眩、無法呼吸、嘔吐。承受完整毒素效力的人，會因身體向神經與肌肉瘋狂傳送電子脈衝而極度痛苦，許多人甚至激烈抽搐到嚴重挫傷並咳出鮮血。

　　這批特別製造的純沙林溶液，造成八名無辜市民死亡，多人受傷。傷者都需要長期治療，其中大多數人並因感官與內臟永久損傷而飽受折磨。雖然法官都活了下來（其中一人勉強逃過死劫），但這次攻擊仍被教團高層宣告為成功的行動。

儘管元兇已遭處決，但教團仍然存在。圖中的抗議者為了教團仍舊存在而上街示威。

　　教眾清空沙林貯存桶並順利逃脫，留下一團混亂與騷動。奧姆真理教的兇手十分幸運，犯案嫌疑很快落到一位當地的化學藥劑師頭上。媒體不斷播放這新聞，他立即被當作本案主嫌，民眾不經思索地將他當作代罪羔羊。事實則是，他最初涉嫌只因儲存了些無害的化學藥品。毫不意外，警方無法從逮捕到的這人身上找出犯案動機與手法，但過於強烈的懷疑，阻礙了他們深入調查案件起因。

　　幾個月後，這位藥劑師重獲清白，警方也將注意力轉向真正的兇犯。奧姆真理教總部附近的農夫曾抱怨總部排放有毒氣體。家畜因此死亡，植物枯萎，周圍土壤的化學成分分析中，明白無誤地發現沙林及其化學前體的特徵。

　　多年無所作為後，警方終於決定搜索教團總部。當地警方向軍方要求借用生化防護服與防毒面具。這導致兩名身為教徒的警官聽說這不尋常的要求，於是立刻向教團高層示警，並透露警方即將發動突襲搜索的消息。

　　他們必須終止警方調查，為此策畫了數種計謀：用裝滿 TNT 炸藥的卡車炸掉警視廳；使用能將建築切成兩半的新式改良雷射；或用蘇聯製 Mi-17 攻

擊直升機在警視廳上空噴灑芥子毒氣與氰化物。但出於多種理由，最後沒有選擇上述任一異想天開的計畫。

麻原彰晃決定搶在警方之前行動。他將引發末日決戰，製造大規模騷亂與屠殺場面，使政府陷入癱瘓。他下令發動一場最大膽的攻擊行動：在每日運載九百萬人，全球最大運輸網絡之一的東京地鐵中進行大規模屠殺。這巨量的載運乘客中，也包括大批日本警察。而上午八點半的運載尖峰，正是下一班執法人員上班與上一班人員下班的交接時刻。警察習慣搭乘特定列車，而這些列車就是主要目標。

攻擊東京

一九九五年三月二十日早晨，一支多半擁有大學理科學位的五人恐怖攻擊小組，離開教團總部七號真理館，搭車前往東京。他們各帶一個大旅行袋，裡面是兩到三個真空密封塑膠袋，袋中是濃度百分之三十的沙林溶液。這批沙林是次等品（為逃避偵查，他們銷毀了庫存的化學原料，數十萬人可能因此逃過一劫）。每人還配備一支傘頭削尖的雨傘。他們前一晚並練習小心刺破袋子讓毒液外流，逐漸進入外部環境。

每人各有目標，這是計畫者早前實地勘察時選定的。穿越東京市中央商業區心臟地帶的列車載運的乘客最多，是最好的選擇，也能讓最多乘客曝露在毒氣中。

這次攻擊作過周密計畫。每個殺手都由司機開車送往指定地鐵車站。當他們接近目的地，走下地鐵站前，會用報紙包起那致命的包裹。選定的列車開門時，他們擠進車內，找個靠近門口的座位將包裹放在地上，在等待送他們前來的司機指定的地鐵站抵達前，拿起雨傘放在沙林袋上。列車停靠指定的地鐵站時，每個教徒便刺破塑膠膜，讓沙林滲出，先流入包裹的報紙，再流到地板上。這些溶液會慢慢蒸發到環境中。這時即使五人事前已先服用解毒藥，還是得立即離開車廂，搭電梯來到集合地點，再與司機返回奧姆真理教總部。

那些穿行於地鐵中的人就沒那麼幸運。當沙林滲出袋子，會在這五線列車的車廂門口附近形成骯髒的深色水窪。走過這灘有毒介質的通勤者，會在地下運輸系統中將它散播到其他車廂及月台上。

許多人首先注意到刺鼻的惡臭。純沙林是無臭無味的，但這批沙林充滿

一位東京消防廳的消防員依照反恐步驟將一名受難者撤離。一九九五年的沙林毒氣攻擊事件令日本人大為震驚。

奧姆真理教成員的通緝海報。直至二〇〇九年，許多協助奧姆真理教主腦從事犯罪行為的人依然在逃。

雜質。有些人認為它聞起來像芥子；另一些人想起燃燒橡膠的味道。但不管味道如何，效力都一樣，這時整個車廂的人都開始嘔吐與痙攣。當這致命氣體深深滲入肺部，就無法緩解。而列車駕駛沒能立即發現出了什麼差錯，只是關上車廂門並前往下一站。這讓沙林的濃度更加稠密，開始有乘客倒地死去。接觸較少的乘客逃離車廂，衝向月台及通往地面的樓梯與電梯。除意識不清外，毒氣的副作用也開始出現，許多人失去視力或因偏頭痛而雙眼模糊。但直到混亂已不可收拾，地鐵公司才發現出了可怕的大事。通常只用來宣告列車進站與離站的擴音器，此時正大聲播放疏散程序，但同時出站回到地面的人太多，其中數千人隨即倒地不起，等待緊急救援到來。這場大規模災難癱瘓了緊急服務部門。約五千五百名無辜民眾住院治療，其中許多人因此永久失明或傷殘。意外的是，死亡人數只有十二人。如果這次使用純沙林，無疑將造成數千人死亡。

　　事實上，教團有足夠原料製造可殺害四百萬人的沙林。攻擊事件發生後，警方立即對遍布全日本的奧姆真理教場所突襲搜查；找到一千兩百桶有毒化學物質，包括氰化物與芥子毒氣；還發現數百間用來囚禁教徒，餓到瀕死並剝奪所有感官的禁閉室。沒有發現屍體，但在總部臨近巨型微波爐所在建築處，從煤灰中找出八十個桶子，但未找到不管是一名、兩名或更多教徒被處

理後置於桶中的屍體。

　　一些散落各處的教徒繼續執行反抗計畫，包括後續的暗殺事件[10]。麻原本人就像消失在空氣中，雖然有人在東京街頭看到一支豪華轎車護衛隊載著個留鬍子的胖男人，但就是追蹤不到他的下落。直到一九九五年五月十六日，警方帶著鋼鋸、研磨機與噴槍，打開奧姆真理教總部另一棟建築六號真理館內部，劈開館內深處一個狹小夾層，才發現這位教主帶著藥物、AK-47 步槍與千萬日元現金躲在裡面。

　　到了一九九六年，三百五十名教團高層幹部以大規模謀殺、綁架、勒索取財等多種罪名被起訴。麻原由十二位律師為他辯護，但仍於二〇〇四年二月四十七日判處死刑。雖然日本民眾歷來不願執行死刑，但二〇一八年七月，麻原與十二名教團成員還是受絞刑處死。在日本與俄羅斯，雖然警方嚴密監控，但仍有少數殘餘信徒，不過大致都已放棄麻原的末日預言。

　　　　一名俄羅斯奧姆真理教信徒為了連通麻原彰晃的心靈而在他的肖像前冥想。

---

10. 一九九五年四月二十三日奧姆真理教中地位僅次於麻原彰晃的教團發言人村井秀夫遇刺事件。由於村井是多件罪行的策畫者，他的死亡導致奧姆真理教犯下的多起案件動機及細節始終真相不明。因此一般認為刺殺者徐裕行並非自稱的山口組成員，而是殺人滅口的奧姆真理教教徒。

沙林（sarin）

一九三八年首次在德國一所殺蟲劑實驗室成功合成，即有機磷酸酯沙林毒氣（甲氟膦酸異丙酯），代號GB，證明用於農作物效果極佳，更是十足的神經性毒劑──也是目前發現毒性最強的化學藥品之一。與其他神經性毒劑如泰奔（tabun）與沙門（soman）相較，沙林在環境中並不常見，只能在實驗室合成。

納粹德國當時生產了至少十公噸這種致命毒劑，雖然以此填裝了許多砲彈並可能以此方式運輸，但希特勒不願在戰場上使用化學武器而未加部署。後來蘇聯佔領沙林製作工廠，自行生產了一萬兩千公噸。美國已銷毀絕大部分沙林庫存。世上主要強權國都未曾使用這種化武。

但中東統治者就沒這麼放不開。海珊執政時的伊拉克曾用包括沙林在內的神經性毒劑對付庫德族獨立派，殺害可能多達五千名庫德族無辜平民，並有近萬平民因此負傷。仍在持續的敘利亞內戰中，忠於總統阿薩德的軍隊在叛軍佔領區使用這種化武，造成許多民眾傷亡。

神經性毒劑沙林的毒性效應，是在腺體與肌肉停止運作時，抑制某種酵素活動，使身體持續承受刺激而痛苦不已。在東京地鐵毒氣事件報導中，沙林引起的症狀從感官輕微刺激到死亡都有。其致死率比氫氰酸高八十倍，致死量僅零點五毫克。

中毒初始症狀包括流鼻涕、眼淚、口水或盜汗，藥力發作導致人體恢復機能過度運轉。後續症狀為視力模糊或視野受限、乾咳、胸悶、意識模糊、無力、昏昏欲睡。攝入更大劑量時，人體系統隨之崩潰。患者先是不自主地嘔吐、尿失禁、腹瀉把自己弄髒，然後心跳加速。接著身體開始抽搐，呼吸與循環系統崩潰。

下圖：這是沙林毒氣的分子。皮膚沾上一小滴便足以致命。高溫能讓它轉為氣態，使這種化學藥品急速擴散。

自殺邪教

　　會讓信徒自殺的邪教或許是最叫人哀傷的邪教組織。多數邪教組織領袖會找社會上的弱勢或邊緣分子下手，用盡一切美好願景哄誘人入教，不過自殺邪教組織不同，一旦成員落入圈套之中，深陷於信念與儀式交織而成的奇異心理陷阱，邪教領袖就動了殺機，對象不是教外的人，而是要自己的組織成員集體自殺。有些情況下，組織成員甘願受死，也有些是在非自願的狀態下失去生命。

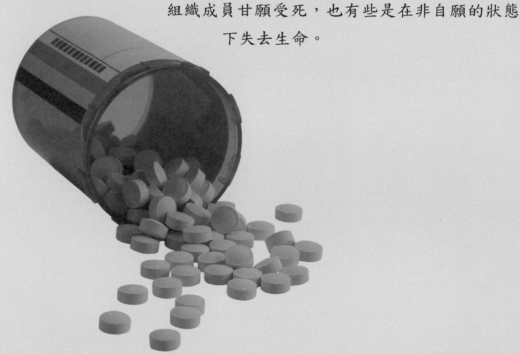

蘇美人

目前已知最古老的自殺邪教，證據在蘇美（Sumerian）諸王的墓葬之中。古早時候的吾珥（Ur），蘇美國王與王后可不是單獨下葬。事實上，最古老的墳墓時間可上溯至公元前三千五百年，顯示蘇美人承襲的信仰系統包含以陪葬品協助死者在死後的生活，陪葬的不只是工具、食物、武器、服裝，還有人類。

雷納德·伍利（Leonard Woolley）在一九二二年至一九三四年的挖掘作業中，發現了死者巨坑（The Great Death Pit），裡面有七十四具遺骸，人們認為他們的身分是侍從，為了在統治者死後繼續服侍他們而受到殺害。這位國王（或王后？）沒有留下姓名，顯然偏好女子，七十四人中，有六十八位都是年輕女性。遺骸排列整齊，身著奢侈的紅袍，頂著細緻的盤髮，髮上還綴著金銀珠寶製成的飾品。這些女子看來似乎出身不凡，她們持有的化妝品能裝在杯子或貝殼裡，也帶著罐裝的食物。眾女的主人顯然希望後宮佳麗在死後，生活舒適體面，並用豐盛的食物來服侍自己。六位女子配有里拉琴、豎琴，以便演奏仙樂。有具女性遺骸的手緊抓著頭飾，伍利認為她可能在戴頭飾的時候太匆忙，或者過度興奮。

蘇美人給士兵的標準配備類似圖中描繪。在大葬墓穴中為國王陪葬的士兵。

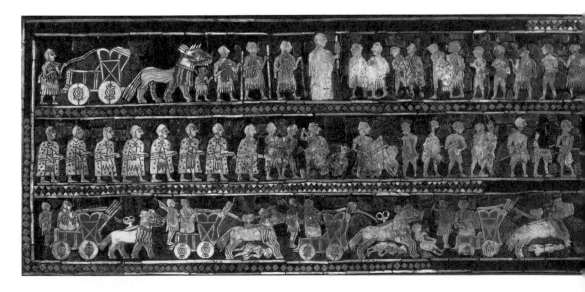

護衛這群美女的士兵全副武裝，頭盔、長戟、佩刀、戰車，樣樣俱備。士兵遺骸後方的房間之一，配有兩輛裝備齊全的戰車，還有活著的時候會拉車的馱獸。

伍利假設，發現的遺骸在下葬時還活著，各自到分配好的位置站好才喝下毒藥，好整以暇、心甘情願；當藥效發作，他們靜靜地躺下，加入君主死後的生活。

不過，當代科技還原的現場情況，跟伍利所描繪的情景截然不同，我們發現其中至少有一些人是頭部受到矛槌重擊而死，或者腦部受長矛穿刺而亡。有些遺骸的手腕、手掌處，骨頭顯示典型的防衛型傷痕。其他的人則是早在葬禮之前就被殺害，屍體被烘烤過，以便保存到儀式時使用！

愉悅草

如果說，大多數的蘇美侍臣的確是平靜地死去，那可能他們喝下的毒藥含有大量的鴉片。有些人認為，人類最早使用鴉片的紀錄是公元前三三〇〇年的蘇美文獻，其中提到一種從鴉片罌粟（*Papaver somniferum*）中萃取出來的黏性物質「hul-gil」，可以翻譯為「愉悅之草」。毒藥也可能包含啤酒，因為蘇美人使用四成的大麥收穫來釀造這種酒精飲品。

蘇美人的宗教信仰非常豐富，幾乎能肯定他們會藉由此鴉片罌粟汁來進入精神世界中的神域，與看不見的力量交流。或許蘇美人認為服用此藥的行為，是對神明的獻祭方式，能確保豐收、好運。

墓穴部分地點發現了杯子，一般認為鴉片在此的作用是鎮定劑，也是毒藥成分中的佐劑。蘇美人可能有技術能將藥材中提煉出的有效成分加以濃縮，製造出來的液體，大量服用可以致命。雖然上述都是臆測，這些陪葬者可能喝下了罌粟汁來讓自己進入新的存在。

> 人類最早使用鴉片的紀錄是公元前三三〇〇年的蘇美文獻，其中提到一種從鴉片罌粟（*Papaver somniferum*）中萃取出來的黏性物質「hul-gil」，可以翻譯為「愉悅之草」。

武士自殺

　　日本人謎樣的武士道精神追求榮譽優於一切。人命「輕如鴻毛」，喪失生命也不過是秋之落葉罷了。這樣的價值觀之下，也難怪日本武士會發展出特殊的自殺方式。

　　日本武士一生的關鍵時刻之一是死亡，死法必須是好的，才能受到後人的敬重與愛戴。「切腹」是種具儀式性的死法。武士能在四種情況下切腹自殺：一是避免在戰敗後遭俘虜，二是主上賜死，三是抗議上級的舉動，四是追隨自己的君主而隨之赴死，也就是忠誠的終極表現。

　　武士對此皆心知肚明，這是身為武士的一部分，而父親的職責之一是教導兒子如何進行自殺儀式。每位武士都佩帶一把短刀，稱為「脇差」。領死之人盤腿而坐，雙手握住脇差，舉刀刺向下腹左側的腸胃處。這可不是件易事，人的腸胃是由緊實的肌肉所圍繞。武士下刀之後，會將刀劃向右方，橫切過下腹，切過胃部肌肉後，再轉動刀子，往上刺向肋骨。為了讓自己死去的形象維持正面，死時不得發出任何痛苦的呻吟，也不可面露痛楚。

　　切腹自殺從十一世紀就有了，完成這個儀式的最後一步是「介錯」。特別受託的介錯人，會舉刀站在領死之人的背後，等到對方展示了合宜的勇氣之舉，且該下的刀都完成了，介錯人會立刻揮刀將其斬首。介錯人也有責任向人報告該武士的死法是正當而「高尚」的。

下圖：一旦武士以短刀或匕首將自己開膛剖腹後，介錯人會一刀斬下對方的首級，以完成儀式。

吉姆・瓊斯與人民聖殿教

　　蓋亞那首都喬治城西邊二四〇公里處，是人民聖殿教的大本營，造訪此處的人會訝異這裡有多偏僻。據點佔地一千五百公頃，由吉姆・瓊斯（Jim Jones）在一九七四年承租，距離任何主要城鎮都十分遙遠，就連最近的水源也有好幾公里。

　　據點現址已經看不太出來這裡曾經是大型社會聚落，大部分的土地已恢復成森林，僅有少數的遺跡，近來一次探勘耗時數小時，只發現了一部老舊的牽引機、生鏽的樹薯磨坊、檔案櫃、破爛的發電機，還有一樣：被切成兩半的老油桶，表面滿布鏽蝕，僅露出一點曾有的白漆。

　　遺跡所剩無幾，讓人幾乎難以想像這裡曾發生過的恐怖事件。一九七八年十一月十八日，吉姆・瓊斯透過營地的擴音器宣導「革命性自殺」的美德，信徒們喝下了摻雜毒藥的飲料，由酷愛飲料粉（Kool-Aid）或調味飲料粉（Flavor-Aid）其中之一調製而成。如今此處偶爾能聽見鳥鳴，在當時則充滿兒童的哭喊，他們被抓著打針，注射的是氰化物；同時有些信徒企圖突破衛兵的封鎖線逃離營地，他們沒能走遠，被找到之後強灌下一大杯致命毒藥。

蓋亞那瓊斯鎮沒剩下多少遺跡。吉姆・瓊斯異想天開的革命性自殺，並沒有改變世界。

這一天一共有九百零九位美國人死亡，他們死時沒有進入天堂狂喜，而是在人所能想像的極度痛苦之中死去，氰化物在身體裡發揮效力，癱瘓神經系統。

造成這場大屠殺的人，出生於一九三一年五月十三日，美國印第安納州的克里特。他的父親曾經從軍，第一次世界大戰的前線經歷小小打擊了他的精神狀態；母親琳內特（Lynette）從很小的時候就相信自己會生出救世主。

一九三○到四○年代之間的美國兒童普遍愛玩「牛仔與印第安人」、「醫生護士」等角色扮演遊戲，小吉姆‧瓊斯愛玩的遊戲可不一樣，他喜歡想像自己是傳道人，安排朋友扮演全神貫注的聽眾，朋友將會受罰下地獄，而神聖的觸摸、讚美上主可以讓他們得救。小瓊斯在後院裡的穀倉裡披著像聖經裡的白袍，如果沒有同學陪他玩，他會醫治家裡養的雞群。他是個早熟的孩子，喜愛廣泛閱讀，特別愛讀偉大獨裁者的故事。其他的孩子覺得他是個怪胎，滿腦子死亡與宗教。

氰化物

服用氰化物的後果，簡單來說是讓血液無法再為細胞供氧，如此一來會產生的副作用就頗為惡毒，如劇烈抽搐，細胞在缺氧狀態下造成肌肉收縮。氰化物中毒的明確症狀之一是全身上下出現小塊瘀青，這是因為血液含氧量過高。只要少量的氰化物就能讓人非常不舒服，比如整個人感覺虛弱不適。人民聖殿教的成員所服用的劑量一點也不低，他們服下的劑量足以致命，受害者會立刻腹部劇痛到難以行動，反胃、嘔吐、胸口疼痛，然後他們會昏迷倒地，在呼吸道系統衰竭、心臟衰竭下死亡。

下圖：氰化物看似無害的粉末，但卻相當致命。二次世界大戰中，納粹高層人物一旦被捕就服用此物作為自殺方式。

身在舊金山的吉姆·瓊斯。他無時無刻都戴著太陽眼鏡，不分白天黑夜，讓他更顯深不可測，鏡片也遮住了他那在藥物濫用之下顯得無神的雙眼。

　　他在成長的過程中，的確對非裔美國人的悲劇深感同情，年輕時候一度真心投入傳教，希望能幫助這群受迫害的群體。跟著瓊斯遠赴蓋亞那的人之中，確實有不少黑人，瓊斯富有同情心的宣道言詞誘惑了他們。信徒們信了他，卻賠上了自己的命。

　　年輕的吉姆·瓊斯，靈魂之中可能曾經真心地追求社會的公理正義，他看著身邊充斥貧窮、種族歧視，開始投入社群動員組織的活動。他知道當時的美國社會向來是光明正大地攻擊共產主義分子，所以他覺得傳揚社會主義的最好方式是加入教會。他把不少機構當作實驗對象，比如索美賽特南方循道會（Somerset Southside Methodist Church）、安息日浸禮會（Seventh Day Baptist Church）。他見識了有感染力的傳道人所施行的信心醫治，認定這將會是他日後建立追隨者的方式。

　　一九五五年他創立了救贖之翼教會（Wings of Deliverance Church），不

過之後人們在口頭上都稱人民聖殿教。該教據點在印第安納州，強烈主張取消白人、黑人之間的隔離政策，因此吸引了大量的非裔美國人會眾。

他宣揚所有美國人都應該擁有平等的權利的同時，瓊斯價值系統中另一個陰暗面開始浮現。在一九五〇年代間，美國與蘇聯間的冷戰不斷升級，到了一九六一年時，瓊斯深信世界即將爆發核武大戰，帶著全家搬到巴西。大量的藥物與酒精不斷加深他的恐懼與猜疑，他已經習慣服用安眠酮、煩寧、右旋安非他命、古柯鹼。

人民聖殿教深具魅力的傳道人旅居國外，讓信徒逐漸減少，於是瓊斯決定搬回美國，最後落腳加州，他的信徒又開始增加了。雖然瓊斯說自己是位聖徒，但是他欺騙外人入教的手法，卻一點也不神聖。他就像兜售蛇油的終極推銷員，而其忠實信徒為了欺騙善良老百姓，可以為了瓊斯上刀山下油鍋。

到了一九七〇年代時，瓊斯已經駕輕就熟，頂著一頭濃密的黑髮，總是戴著太陽眼鏡，看起來就像一位穿著體面的「神父」。他宣道時魅力十足，富有感染力又有力的講道，吸引了越來越多的信徒。這些信徒處境貧困，受到種族歧視，或孤單寂寞，在瓊斯身上找到了想要的東西。邪教分析專家把尋找人生意義、架構的人歸類為「尋道者」，瓊斯則輕輕鬆鬆就擄獲了一大批迷失的靈魂。

瓊斯自稱是真正的信心醫治者，他也在恰當的時機自稱為上帝、耶穌、父親或老爹。他據說能洞察人心，熟悉信心醫治。他的名氣越來越大，每次在人民聖殿教講道時，能吸引數百名會眾。瓊斯與工作人員會混入觀眾之間，記下他們言談間透露的訊息：誰家收成不好、誰的視力衰退了、哪一家人最近有人去世，諸如此類。他上台佈道時，就會將資訊融入宣講內容，觀眾在驚嘆中深信自己見到了一位能夠看透世事的人。這套騙術很快就升級了，他的信徒會去翻找可能有料的垃圾，甚至打電話假裝自己是市調人員，以便取得更多有用的資訊。所有的資訊都會彙整到瓊斯手上，他在台上提到觀眾個人的生命故事時，手上藏著小紙條，由於他臉上戴著墨鏡，沒人知道他在搞什麼鬼。

瓊斯善於營造幻覺，他能讓許多人相信自己親眼見到了醫治大能。他的狂熱核心信徒會裝扮成病患，甚至會為沒有骨折的手腳打上真的石膏，瓊斯就能奇蹟似地「醫治」了這位可憐的病人，而病患會上演一齣好戲，現場拆開石膏或丟掉輪椅（細心調查的記者留意到，在下午佈道會受到醫治的人，外表神似夜間佈道會受到醫治的人）。身材嬌小、瘦弱年老的女士們，來到聖殿時會收到贈送的維他命，事實上是摻了鎮定劑的飲料，喝了就會昏迷，

當老太太醒來的時候，會發現自己正在台上，腿上打了石膏。

　　人們向她解釋，她昏倒時摔斷了腿。在觀眾驚奇的注視之下，瓊斯會「醫治」老太太的腿，拿下石膏。由於現場情緒激昂、群眾吹捧瓊斯，大概不會有人鬧場踢館，或者揭發瓊斯的騙局。還有更戲劇化的場面，他會運用藥物讓信徒「猝死」，邪教裡的醫療團隊會出來宣布該人已經沒有生命跡象，然後在藥效即將消退時，瓊斯會接近這具「屍體」，用「神的觸摸」來讓他復活。

　　一九七二年，瓊斯甚至讓自己從死裡復活。當他在跟紅樹林河谷傳道會的會眾交流時，他突然大叫一聲，不支倒地，胸口鮮血直流，看似有處槍傷。

吉姆·瓊斯與太太瑪希琳·瓊斯，照片中的孩子是他們一部分的養子。這樣和樂的畫面稍縱即逝，瓊斯對自殺的執念日益加深。

　　瓊斯似乎受到致命傷，人被抬進牧師住所，過了一會兒，他奇蹟似地現身，一點傷也沒有，完全好了。

　　七〇年代早期是瓊斯呼風喚雨的巔峰期，人們慕名前來聽他振奮人心的講道，人民聖殿教在加州各處迅速成長，所有的主要都市中心都有會堂。瓊斯的影響力很大，能夠左右選舉結果，他選擇的候選人佔盡優勢，這樣的權力也帶給他不少好處。

　　大約在這個時期，瓊斯開始出現了另一些令人不安的舉動：他變得狂妄、專斷且多疑，而且不願意讓邪教成員離開他的控制。他鼓勵信徒們放棄世俗的物品，捐給教會，較弱勢的信徒若不搬進教會宿舍，就會被不斷騷擾，宿舍的住宿環境則髒亂不堪，現代生活應有的舒適，幾乎不存在。教會不贊同性生活，家庭成員不得住在一起，兒童交由寄養家庭照顧，父母與孩子在身體上與心靈上都遭到隔離（如同多數救世主型邪教領袖作風，瓊斯自己不必遵守教中嚴格的規範，他跟許多女信徒有性關係）。如果想脫離邪教，甚至只是批評，下場更加悲慘。

　　瓊斯對付任何「叛徒」的主要武器是他本人施加的壓迫感。教規日益緊縮，觸犯教條的信徒馬上會被他痛罵一頓。當邪教信徒全體搬到蓋亞那的時候，領袖當眾羞辱受害者的場面，轉變為九百名信徒全體一齊對受害者叫囂辱罵。信徒入教時，不但需要上繳所有的資產，還得簽下一份法定陳述書，內容總是空白的。這些所謂的「出席紀錄」或「沉思錄」是瓊斯的保險手段，萬一有信徒惹他生氣，他會替他們寫下偽造的自白，讓信徒看起來像是犯了偷竊、戀童或強暴等罪行，文件由教內的律師處理，會加上賦予人民聖殿教權力的條款，讓他們能擔任代表律師，代立遺囑、代為作證等，還能利用這份文件導致父母失去孩子的監護權。

　　信徒也被要求寫下效忠宣言，表明自己願意殺害阻礙人民聖殿教復興運動的人。

　　人民聖殿教的集會越來越暴力。最開始的一九六〇年代、七〇年代初，信徒若有可受批評之事，他們會受到溫和的責備，其他成員則會建議他們能如何改進自己的態度或行為。這樣的事一年比一年更嚴峻，直到某次在中美洲中心的聚會中，瓊斯對某位會員處刑，認為他應該被皮帶鞭打。不久後，所有的成員只要犯了點小錯就會受到體罰，包含抽菸、喝酒。

　　一九七二年，組織出現了一片扁木條，稱為「教育之杖」，用來在全體會眾面前痛打孩童。父母不能挺身救自己的子女，否則會招來更多懲罰，且被視為不忠。廣播系統公然責罵其他的孩子，再把他們關在漆黑的衣櫥裡，

施予電擊。瓊斯將麥克風當作武器對付信徒。犯錯的信徒，在經歷痛打、公然羞辱、懲罰之後，必須對著麥克風說「感謝父親」。

如果有信徒想要脫離邪教，他們會被電話與信件連番騷擾威脅。到了一九七五年，瓊斯決定不再讓任何人離開，所以信徒若膽子大到惹他不高興，想逃走，人們會建議他遠走高飛到千里之外的美國東岸落腳。這樣一來，瓊斯的手下就不會在半夜登門騷擾、留下威脅信，也沒辦法打深夜電話騷擾他們。更嚇人的是，他們會雇用靈車，停在叛教者家門外，或者在當地報紙上刊登假的訃聞。瓊斯的最後一招是派手下去將叛徒抓回來。

儘管如此，人們還是不斷設法出走，信徒漸漸少了。多數離開的人只想靜靜過日子，畢竟瓊斯手上還握有他們的「沉思錄」，能夠藉此威脅他們。但也有些成員找上了媒體，部分指控含暴力、洗腦、竊盜，讓人民聖殿教名聲開始蒙塵。

遷移到瓊斯鎮

瓊斯認為他必須躲避來自美國政府的一切監督，一九七三年十月，「人民聖殿教委員會」，也就是瓊斯的核心小團體，決議取得蓋亞那的土地，建立以農業為基礎的人民公社，採社會主義方式運作，這座小鎮理所當然地被稱為瓊斯鎮。

一九七四年，首批信徒抵達該地，等著他們的是前景不明的森林地，他們開始伐林闢地。這塊土地是灌木雨林，並不適合密集農耕，當地人的農業方式為刀種火耕，也就是砍下部分森林並焚燒，讓灰燼中的養分進入土壤。稍有肥力的土壤能收穫一到兩次，之後作物、雨水就會將養分消耗殆盡。人民聖殿教即將落腳的，就是這片偏遠的不毛之地。

屯墾者寄回家鄉的信中，頌讚美好的天氣、種植的作物大量生長。在會眾集會時，有人會朗讀這些信件的內容，讓信徒感受展現應許之地的深厚潛力。

根據這些早期的信件，該處的水源比冰河融雪還要純淨，萬物皆和諧共存，沒有政府干擾，社會主義的烏托邦即將誕生。

一如人民聖殿教的許多事情一樣，這些公開信所說的大多不符事實。當地叢林冷酷無情，屯墾教徒與聘用的美國印第安人才剛清出一塊空地，在一夜之間幾乎就恢復成蔓草叢生的狀態。作物實驗很快就因為蟲蛀、潮濕天氣

蓋亞那瓊斯鎮入口處現狀。本該成為社會主義天堂的應許之地，很快就淪為人間煉獄。一入此門，永無回頭之日。

下的鏽斑病而死光了。雞群也死了，就連豬也只活了一陣子，不久就消瘦而死。

　　但是屯墾的人們不放棄。姍姍來遲的機器終於來到了開墾的土地，人們慢慢地蓋起了房子、開始能收成作物，花了兩三年才有成果。雖然生活艱苦，最初的開拓者卻頗為享受他們的生活，真誠地感覺自己正在開創更美好的未來。

　　不過，為了躲避媒體檢視的瓊斯，於一九七七年抵達蓋亞那，他的到來讓「社會主義烏托邦」歡樂的氣氛不再。居民不准看電影，電視上播的是蘇聯宣傳影片，或者沉重的新聞報導，搭配瓊斯長篇大論的批評，他的世界觀越來越偏執猜忌。

　　瓊斯鎮對外聯繫的方式只有短波無線電收音機，以及難得一見的郵寄信

件。瓊斯就跟所有表現特出的邪教領袖一樣，他獨自掌握了所有的資訊。來自美國的信件，信徒只讀得到充滿公式化好消息的內容，此外，瓊斯還製作洗腦電影，內容是所有的人都過著美好生活，人們有無限量供應的炸雞、舒適的宿舍、學校職員友善且充滿笑聲，瓊斯在影片裡看起來像慈父，訴說信徒的生活是多麼美妙。這麼做當然是有原因的，瓊斯希望所有的信徒都移民到瓊斯鎮生活。他心中引領群眾集體自殺的念頭日益加深。

人民聖殿教費盡心思用各種手段鼓勵、哄騙信徒移民離開美國。邪教中的核心死忠信徒各司其職，一起演一齣大戲。某人會在一大早來到教中宿舍，欽點幾位信徒，告訴他們瓊斯要他們立刻打包動身。

接到命令的信徒當下自然不知所措，此時部分核心教徒會催促他們行動，而另一些核心教徒會給予同情、安撫，也有巧言令色的威逼。若有人不

瓊斯運用各種宣傳手段誘惑信徒前往瓊斯鎮，信徒一踏上這塊土地，才會發現此地擁擠不堪，鼠患嚴重。

從瓊斯的召令，他不但會沒飯吃，家人也會拋棄他。其他人則會監視電話，防止他打給外人。若有人抵抗，「解決問題」小組會出現在他們面前，用盡一切手段把他們趕上等著載人的巴士。教徒接收到花言巧語：你不喜歡的話，一週之後就能回來了；我們之後會把你的寵物送過去。諸如此類。

　　為了不讓人發現人民聖殿教正在大舉遷居，他們將信徒三三兩兩分散至不同的機場，以掩人耳目，瓊斯用盡可能的方法以免招來更多爭議話題。

　　信徒踏上瓊斯鎮之後，大概只有最狂熱的追隨者才不會感到失望。終於，九百多位信徒都被送到鎮上，擠進約莫五十座小屋，裡面塞滿上下通鋪，沒有一間房有冰箱、儲糧，甚至也沒有風扇可以吹走叢林的濕熱氣息。瓊斯終於露出了真面目，變成狂熱的共產主義者。他複製了北韓的模式，強制所有的信徒每天花八小時勞動，八小時學習。工作內容令人生厭，信徒們得從溪中提水來灌溉垂死的作物，並不斷受到蚊蟲侵擾。另一些人清理生鏽的機械。所有的衣物、寢具總是在發霉的狀態。抵達瓊斯鎮的那天，所有的成員都得交出全部的現金與護照，以便「保管」，他們已落入了圈套。

　　飲食內容讓人提不起勁，宣傳影像中鋪張的食物並沒有出現，所有的人早上七點得起床，洗冷水澡（沒有熱水），再走到中央涼亭去領稀粥，或許可以配點水果來吃，這就是一餐了。一天的勞動之後，每個人可以分到一小份餐點，大致上是當地作物製成的澱粉食物，或是米飯，有時會有些蔬菜。至於領袖本人，當然是住在有冷氣、有冰箱的小屋，還有冰棒、酒飲、美食可以享受。有一次瓊斯答應給大家吃一頓豬肉──他們宰了兩頭豬──每個人卻只分到稀得可憐的燉肉屑，結果差點引發一場暴動。常常有人拉肚子。有一回，瓊斯難得慷慨解囊，讓大家晚餐能吃一頓雞肉，他卻不讓信徒們好好享用大餐，反而用廣播辱罵所有人，責備他們自私。

　　這只不過是瓊斯鎮像人間煉獄的其中一部分。由於所有人都無法逃離，瓊斯可以隨時隨地、全年無休地對他們宣講腐蝕人心的訊息。信徒在一天的勞動之後，被召集到中央涼亭下，聽瓊斯大肆抨擊任何他覺得不妥的事物，發洩他心中惡毒的思想，有時罵的是基督教聖經，有時是美國政府，或是教中的某位成員，一罵就是接連數小時不停。瓊斯每天都中午才起床，他想整夜罵個不休，當然不是問題，不過要是有人膽敢在冗長的訓話中睡著，可是會被無情地叫醒。除非生病得待在屋裡，人人都得聽他長篇大論的言語凌遲。

　　「社會主義烏托邦」漸漸像是個集中營監獄。營地裡總是有佩帶步槍、十字弓、棍棒的衛兵，表面上是要保護信徒不受外力侵擾，實際上是用來管理居民。像是吸菸之類的小過失，處罰是藤條，而犯法的人會被關進小型木

身處瓊斯鎮戶外的瓊斯與信徒。在這些笑容之下，埋藏著以霸凌、恐嚇來控制成員的手段。

箱中，要是犯行重大，還會用鏈子綁在木樁上。任何想要逃走的人，都會被抓來當眾羞辱，他將承受九百多人的辱罵，並且被剃掉頭髮，作為羞辱的記號。年長的信徒要是受不了營中的高壓環境或氣候溫度，會被教徒用藥迷昏之後，監禁在醫院或他們居住的區域。

　　信徒最怕遇到的處境是被迫加入「學習小組」。對營地有異議的人，會被迫住在特別擁擠的宿舍，沒有足夠的床鋪。他們不准跟任何人交流，必須從事最卑微、最危險的勞力活，他們被迫折返跑，被當作三等公民對待。

　　早在一九七三年的時候，瓊斯開始有怪異的念頭，認為讓信徒自殺可以

使教會成為注目焦點。隨著時間過去，他加以包裝，把它變成「革命性自殺」。他不斷幻想集體自殺，甚至在部分的講道中提及此事，認為跟九百多人一起死去，就像是終極的性高潮。

瓊斯的信徒被困在瓊斯鎮之後，他對集體自殺的執念越來越強烈。他第一次提到這件事的時候，只有少部分的信徒投票贊成，不過在他持續宣傳這麼做的好處之後，越來越多人開始認同他的想法。他們固定舉行該主題的投票，任何不願意投贊同票的人會被列入名單，從此之後，食物配給會減少，或者被瓊斯的死忠支持者霸凌。自殺投票越來越頻繁，任何投反對票的人，會被武裝衛兵帶到講台前，聽取瓊斯長篇大論的演說或言語霸凌，直到他們改變心意。許多人投贊成票只是為了得到一些睡眠時間。一旦領導人覺得他說服了所有的信徒，就會讓他們回到擁擠的營房，睡上幾個小時，再迎接新的一天。

瓊斯越來越疑神疑鬼，他的廣播內容也越來越尖刻，認定美國政府、聯邦調查局、美軍、空軍都是潛在的威脅。雖然他受到藥物影響，越來越陶醉於革命性自殺的念頭，他依然明白，需要調教信徒才能讓他們擁抱滅亡。他把暖身活動稱為「白夜行動」。

此時的瓊斯鎮已經很像是武裝集中營。衛兵可以運用的武器多達四十種，包含有瞄準鏡的魯格步槍、雷明頓槍、霰彈槍、點三八半自動手槍。當瓊斯透過廣播系統訓話時，鎮民不可以講話，違規者會被揍一頓。就算瓊斯不在鎮上，營地也會二十四小時播放他的錄音，傳播他的思想。就在這些永無止境的演說中間，瓊斯會出乎大家意料地打斷一切，大喊：「白夜來了！白夜來了！我們都有危險了！美國政府要把所有的黑鬼都抓進集中營，而他們就要來抓我們了！」迫切呼籲所有人都跑到中央涼亭，他本人則會營造氣氛，讓群眾陷入一陣恐慌性的歇斯底里。「我們打造的是社會主義的烏托邦，威脅到了美國政府的根基。他們將會來逮捕你們所有的人，並且折磨你們。我們不能讓這樣的事情發生。」與此同時，他會叫信任的武裝人士在叢林的邊境開火掃射，並且尖叫吶喊，模擬戰爭似的氣氛。

他會安排一些人假意企圖逃跑，最後被橡膠子彈射中，尖叫倒地。

這時營地的醫療團隊蜂擁而出，從醫療中心端出一大盆又一大盆的酷愛飲料與大量紙杯。「喝下這藥吧。他們不會讓我們活下去的！」瓊斯尖叫下令，大部分的人在驚慌之中往往照做了。信徒被重重衛兵包圍，如果他們不遵從指令，就威脅要射殺他們。喝了藥的人，有些不支倒地，或嘔吐或昏迷，心中深信自己即將死亡，而其他人坐在一旁，疑惑自己怎麼可能還活著。

　　一切行動落幕之後，瓊斯的嗓音突然轉變成爆笑。「現在我可以信任你們了。」他說，「別擔心，這只是演習而已，回到床上去，好好睡一覺吧。」

　　有時候全體居民會被趕下床，每人分配到簡陋的武器，比如刀子或鋤頭，被迫整夜站崗到天明，因為疲倦過度而打起瞌睡。

　　慢慢地，白夜行動起了作用，所以當真的有危機發生時，瓊斯信徒的心靈已經認定，自殺不是不可能的事，甚至是合理的結局。到了這個地步，瓊斯與其同夥確實已經計畫好最後一次事件了。他們稱之為「最後抵抗計畫」，親信軍官都發誓會自殺跟隨瓊斯到底，各個都是這場末日戰役裡的要角。授命的「天使」會活下去，他們會追捕並殺害所有叛教的人，以及所有冒犯過領導人的公家單位人員。人民聖殿教已經備好毒藥，醫療團隊也準備好了，大多數信徒的心理狀態也已經準備好集體自殺。萬事俱備，只欠一場危機。

充滿煩憂的領導人

　　到了一九七八年末，瓊斯開始面對許多壓力。不少離教的前成員對邪教提告，想要回自己的孩子，公眾對瓊斯領導的活動有了更多負面觀感。這些事情就像是石蕊試紙，如果瓊斯打輸監護權官司，信徒就會看穿他也不過是個凡人。

　　瓊斯能夠逍遙度日的原因之一是居民的社會保險金，這些都是直接匯入他的戶頭裡，政府後來停止匯款，而且，美國官員開始仔細檢視寄送到蓋亞那的物資內容，這讓瓊斯更加感覺腹背受敵，甚至連未開發國家的中間聯絡人，都變得不太願意睜一隻眼閉一隻眼，讓瓊斯辦事沒那麼容易。

　　災難一個接著一個，部分成員逃離營地，向當地警察解釋他們過著奴隸般的生活。有個組織叫做「憂心的親戚」，專門向政府各部門尋求資源，事態很明顯，即使瓊斯逃離美國，美國政府並不打算讓人民聖殿教自生自滅。

　　越來越多報導討論瓊斯對於自殺的執念，讓信徒身在遠方的親人深感恐懼。

　　不過，促成悲劇的關鍵因素還是瓊斯持續增加的藥物劑量，母親去世則是壓垮駱駝的最後一根稻草。痛失至親，斬斷了他與現實世界之間最後連結，似乎讓瓊斯終於陷入瘋狂。根據倖存者留下的紀錄，瓊斯此時似乎不能控制他的身體。他終日戴著太陽眼鏡，以遮掩滿是血絲的雙眼，以及憔悴的外貌，他的舌頭似乎也不聽使喚，說話時舌頭打結，常常無法正確發音，長篇大論

瓊斯鎮高空鳥瞰照。事發時，上百具屍體躺在中央涼亭附近，在蓋亞那的熱氣中漸漸腐爛。

也變得含糊不清、難以理解。他日日夜夜把自己鎖在屋裡，猜忌之心變得越來越重，陷入被害妄想之中。他不認為藥物濫用讓他的心智退化，反而發展出不少陰謀論來解釋自己的狀況：

　　其一是蓋亞那人在井裡下毒，其二是美國政府趁著夜間在瓊斯鎮上方以飛機噴灑毒藥與致幻劑。即使領導人狀況不佳，他的親信依然保持忠誠，還是有不少女友服侍在側，屋外也有武裝警衛包圍，餐點製作過程不乏監督，深怕有人下毒。瓊斯的腰帶上隨身掛著一把密林點三五七左輪手槍，為了最後一次的白夜行動做準備。

酷愛飲料粉的包裝。這是種甜味氣泡飲料，可以掩飾鎮定劑水合氯醛與毒藥氰化鉀所帶來的苦味。

致命劑量

瓊斯的寵臣醫師（受過專業訓練但沒有執照）羅倫斯・尤金・薩奇特（一九四八－七八年），被控提供瓊斯各式娛樂用藥物，就是他計算出二五〇毫克氰化物可以殺死一名成人，也是他購入總價值八美元八十五美分的氰化物，總重四五四公克（一英磅），用來殺害九百名無辜人士，綽綽有餘。

他也研究是否有其他能殺光老闆信徒的方法。事實上，薩奇特是整個營地裡唯一的醫師，負責九百多人的健康，每天對付居民身上各種熱帶疾病、疹子，累到晚上得服用煩寧才能入睡。慶幸的是，瓊斯了解醫師的辛勞，讓他每週三可以放假一天。

薩奇特放假的時候卻不用來休息，他有股宗教式的狂熱，利用休假時間來實驗各種致命的配方，這想必也讓他的主人龍心大悅，他試過破傷風、肉毒桿菌、葡萄球菌。薩奇特跟麻原彰晃一樣看到了使用肉毒桿菌進行大屠殺的可能性。美國已有多起肉毒桿菌食物中毒導致多人死亡的案例，他也知道只要一點劑量就足以致死。唯一的缺點是培養菌種的過程漫長，而且就算人體出現了吞嚥困難、口齒不清等症狀，可能還要再過三天病人才會死亡。

薩奇特就像典型的瘋狂科學家，他待在熱帶叢林裡的原始實驗室中孜孜不倦地工作，頭上的鐵皮屋頂因為烈陽照耀而發燙，而他忙著培養新的病菌，迫切地想要找到奪命妙法來達成瓊斯集體自殺的瘋狂計畫。雖然實驗成功率低，薩奇特與營地護士長菲莉絲・喬金（一九三九－七八年）倒是聯手發展出一套大屠殺的草案。

萊茵哈德行動中的納粹實驗集中營衛兵，應該會讚賞醫師與護士長精心策畫的程序調度與行程規畫。他們在事前備好注射器與時間表，分配醫療支援團隊裡的誰要讓營地中的誰「畢業」。這份程序包含將母嬰隔開，並設立工作據點，讓團隊可以在最短的時間內殺死最多人。薩奇特決定在醫療團隊做完工作之後，他再與帕克斯聯手殺掉醫療團，最後兩人幫助彼此「畢業」。

白夜行動反覆演練這些流程，瓊斯鞭策信徒，讓人群進入妄想性的狂熱，並觀察誰會遵照他的命令進行革命性自殺。在排練集體死亡的過程中出現了一個問題：信徒們不願意喝下難喝的藥劑。於是薩奇特加購了一項材料，讓藥物變得好入口：酷愛飲料。

此時薩奇特的心理狀態也變得不安定。他蒐集了太多致命毒藥，以至於他必須不斷服用鎮定劑，來幫助自己面對即將犯下的滔天大罪。他在瓊斯鎮裡形單影隻，自言自語，不時全身顫抖不止。

國會議員里奧‧萊恩答應了信徒絕望家人的請求，他們擔憂瓊斯鎮的親人安危。議員為此付上了生命代價。

受到調查

　　國會議員里奧‧萊恩（Leo Ryan，一九二五－一九七八年）認為有必要調查瓊斯鎮。這位勇往直前的民主黨政治家，有位朋友的兒子在神祕的情況下死亡，他決心調查這塊屯墾地，看看傳出的暴力、脅迫流言是否為真。他的調查團隊包含出版媒體與電視記者，以及「憂心的親戚」委員會成員。十一月十五日週三，議員抵達蓋亞那，十七日，整個調查團包機飛往凱圖馬港的簡易機場，距離邪教大本營僅需二十分鐘車程。

　　瓊斯用盡一切方法阻止調查團接近。他在蓋亞那的友軍企圖誣賴調查團

觸犯貨幣法，威脅取消他們的簽證，他們預訂的當地旅館房間被取消。當調查團登上飛機後，在降落邪教大本營之前，駕駛收到假的通訊報告表示機場太潮濕，不能安全降落。當議員的調查團好不容易降落之後，往瓊斯鎮的車程途中，也有不少樹幹封住道路，得花好幾個小時清除障礙。

調查團包含四位邪教成員的親人、八位記者，他們好不容易抵達瓊斯鎮時，已經是下午五點了。瓊斯的親信試圖分散萊恩的注意力，不過議員堅持與瓊斯對談。半小時後，瓊斯出現了，身邊有數位律師相伴，穿著亮紅色上衣，戴著招牌太陽眼鏡。萊恩並不知道就在前一晚，瓊斯召集大家，煽動群眾對議員產生恨意。

一開始對談進行得很順利。瓊斯的表現看起來很正常，記者們四散進入營地裡觀察，居民看上去也沒什麼不滿。隨著調查團來的親人本來希望能說服家人跟著他們回家，但信徒堅持不走。

今天你可以找到調查團記者在那一天錄下的瓊斯鎮實況影片，也能看到不久之後發生的集體悲劇紀錄，也就是瓊斯催逼信徒進行「革命性自殺」的影片。你也能找到大屠殺過後不久，蓋亞那當局與美國人親自造訪營地的錄影畫面。

留下拍攝紀錄的記者有許多在不久後喪命。拍攝居民的過程中，氣氛似乎逐漸緊繃了起來。影片裡居民再三保證自己喜歡這裡的生活，觀看影片的人卻能隱隱感覺到一股絕望。大家的回應相似性之高，暗示他們為了採訪已經受過訓練。你也可以感覺到瓊斯的執法人員就在鏡頭外徘徊，確定居民只會講正確答案。議員領軍的代表團當然無從得知誰是執法人員，因為所有的人都穿一樣的衣服，但是攝影機不在的時候究竟是誰拿著武器棍棒要人守規矩，居民心中可是一清二楚。居民臉上的笑容，很像一九五〇年代末期大躍進時被拍到的中國人。

信徒受令不論如何都得面帶微笑，許多人即使笑到臉都僵了也能露齒微笑。

> 留下拍攝紀錄的記者有許多將在不久後喪命。拍攝居民的過程中，氣氛似乎逐漸緊繃了起來。影片裡居民再三保證自己喜歡這裡的生活，觀看影片的人卻能隱隱感覺到一股絕望。

隨著議員造訪瓊斯鎮的新聞媒體人。這張照片拍攝後不久，裡面不少人中槍倒地。

　　總之，大家表現出來的和樂社區看起來沒有破綻，萊恩議員當晚在涼亭中對所有人講話，表示他對看到的一切有很好的印象。群眾爆出一陣瘋狂漫長鼓掌，久到幾乎要把鐵皮屋頂掀了。

　　不過，從電視新聞的錄影片段可以看出，這段掌聲很誇張。萊恩看起來對永無止境的掌聲感到很不自在，而群眾氣氛激昂，近乎歇斯底里。或許議員的讚美讓成員想到，美國政府既然表示贊同，日後就不必再舉行白夜行動了，或許未來真的更加光明也說不定。

　　不論如何，隔天眾人合演的戲就被拆穿了。人民聖殿教的成員接近代表

團，偷偷遞出字跡潦草的紙條。這些人想離開。一開始的幾個人，很快變成一群，多達三十位成員準備好僅有的家當，準備爬上麥克大卡車，要跟著隊伍回機場去。雖然這些人表情淡然，氣氛卻很緊繃，他們焦急地等待貨車發動離開。

一群又一群的人來到瓊斯面前懇求他，男人、女人紛紛表示他們依然愛戴他、他所做的一切都棒極了，只是他們得離開了。瓊斯很不開心，但壓抑著怒氣，言談之間條理分明，他跟每一個人說話，幾乎央求他們留下來。

但沒有用，貨車上載滿了渴望離開的乘客。拍到瓊斯的最後一幕透露了他的真面目，他跟親信們聚在一起想出了計畫，太陽眼鏡下的雙眼怒火中燒。

領導人最信賴的一位成員也脫隊加入離營的行列，居民們立刻顯得非常不安，因為他們知道這人加入一定沒好事。他負責射殺飛機駕駛員，要讓議員跟所有想要脫逃的人都葬身烏拉圭叢林，被大火燒得一乾二淨。

萊恩本來想在瓊斯鎮多待上一晚，但瓊斯的擁護者之一突然持刀攻擊他，議員雖然沒有受傷，卻決定跟等待發車的貨車一起離開。當貨車駛離叢林幽閉的小徑，靠近停機坪時，所有人一定都鬆了一大口氣。

可惜瓊斯並不想讓任何人逃離。在他們登上飛機之前，一輛小貨車來到了簡便的飛機跑道，從車上跳下來的是營中手段最殘暴的執法人員。他們手持步槍與霰彈槍，把記者、官員、信徒通通擊倒。萊恩試著躲到飛機輪子的後方，但還是死於多處槍傷。

革命性自殺

瓊斯終於等到了他想要的危機。他即將執行籌備已久的革命性自殺大計畫。瓊斯鎮的居民被召集到中央涼亭，我們只能想像他們當時的心情。他們在那幾天經歷了極大的情緒起伏，心中想必希望與恐懼不斷交雜出現。這正是他們既脆弱又困惑的時刻，也就是瓊斯最想要的狀態。當他們在涼亭中坐定時，許多人都注意到周圍有衛兵環繞著會眾。瓊斯其他手下正在指揮晚到的人，手段強硬。

神態憔悴的瓊斯終於來了，他坐在平常坐的椅子裡，看起來疲倦不堪，甚至有點不知如何是好。他在下午錄製的錄音帶說話含糊不清，不過邪教領導人知道自己想要幹什麼。「我多麼地深愛過你們，我曾多麼努力，盡我所能地給你們過上好生活。」瓊斯以過去式發言，在他心中，這些人已經死了。

　　瓊斯接著說，萊恩的飛機正在叢林裡冒煙。他向群眾解釋道，就在他們說話的此時此刻，巴拉圭的空降部隊正帶著自動化武器準備攻打營地，屠殺所有的人。瓊斯表示，他們會虐待孩童，為了不讓孩子落入悲慘命運，保護他們的方式就是讓他們先死。有位勇敢的女人站了起來，懇求領導人不要這麼做，但是其他的信徒搶走了麥克風，叫她閉嘴。

　　瓊斯啟動了自殺行動，演練純熟的醫療團隊開始動作，一大桶酷愛飲料已經預備好了。先前的演練也曾出現過這桶飲料，但這次並不是演練，薩奇特已經將氰化鉀、煩寧、手術用鎮定劑水合氯醛、氯化鉀混進了飲料中（最後一項是為了停止心跳，也用於藥物注射式死刑）。

　　家長受命帶著孩子一同前往工作站。護士們將無針頭的針筒裝滿毒藥，注入嬰兒的嘴裡，有些孩童不願服藥，護士聯手壓制孩子，掰開嘴巴以注入藥物。

　　這一段影片最為駭人。喝了藥的孩童們開始口吐白沫、全身痙攣，在死前掙扎，群眾的聲音從喃喃低語轉變成痛苦高亢的呻吟。其他的孩子看到即將發生在自己身上的命運，拚命逃跑，有些父母眼見事態如此發展，自然陷入歇斯底里，不想交出孩子。瓊斯試著安撫他們：「母親們、母親們，拜託，母親們……別這樣。」他這麼說，隨即就大發脾氣，要他們照做就對了。

　　十一月悲慘的這一天，一共有兩百八十七名孩童被殺害，許多孩子從未看過瓊斯鎮以外的世界。孩童被針筒注射口服毒藥，成人則受命到其他工作站前排隊領取塑膠杯盛裝的毒藥。

　　許多成員一開始以為這只是另一場演習，直到有位年輕男子蹣跚上台，倒在一根柱子旁，呼吸困難，喉頭發出嗚咽聲。群眾一看，幾乎集體陷入歇斯底里，卻被暴力威脅給壓下。

　　重複的程序不斷上演，聖殿教的信徒一個個喝下毒藥，跌進蔓草之中，無法呼吸，全身的生理機制因為氰化物開始衰竭崩潰。

　　在屍體之間穿梭行動的是薩奇特醫師與護士長菲莉絲・喬金，他們在檢查脈搏是否停止。還活著走動的剩下瓊斯的死忠支持者，他們移動屍體，排成放射狀的整齊行列，清出空間給下一波自殺者。

　　並不是所有的人都死於自殺，看起來不情願的成員會被押到藥桶前，強灌毒藥。身上帶著皮下注射器的護士襲擊人群，包含長者，把致命毒藥直接注入他們的循環系統中。

　　衛兵手持十字弓、槍枝，他們所組成的人牆慢慢地縮小，直到眼前已經沒有信徒可以殺了，不過有些信徒趁隙逃跑，躲在叢林邊緣或營地中的藏匿

剩下半桶的毒藥。杯子、針頭散落一地，數百人之中，有不少人「革命性自殺」成功。

總共有九百零九人在瓊斯鎮自殺身亡。照片中是位於蓋亞那的密封棺材，等著運送回美國。

處。所有的倖存者都說，他們聽見死亡的呻吟吶喊逐漸減弱，直到消失。

　　雖然我們不確定接下來發生了什麼事，不過從隔天的影片看來，瓊斯的執法人員在中央涼亭裡交出武器，整齊排好，再到領導人的小屋裡休息，慶祝大功告成。

　　最後一聲「萬歲！」之後，他們朝彼此舉杯致敬，喝下最後的致命飲料。但是下令大屠殺的瘋子救世主，人人敬畏的吉姆・瓊斯大人，不敢經歷這種毒藥帶來的痛苦死亡，他要求親信以比較不痛苦的頭部槍擊送他一程。

　　謝天謝地，人民聖殿教大致上隨著教主而歿。世界秩序並未因此崩毀。資本主義並沒有因為「革命性自殺」而終結。瓊斯的妄想頂多只有拉著上百名民眾無辜受死。

猶太奮銳黨

現今人們認為猶太奮銳黨（Zealot）是猶太教中的狂熱支派，最初於猶太復興運動（公元六六─七四年）時興起。他們不畏戰鬥，甚至連羅馬人都懼怕。這群人的名稱來自黨員隨身攜帶的暗殺匕首（sicae），他們將小刀藏在外袍下，暗殺對象包含羅馬人與猶太人。他們以馬沙達（Masada）為軍事據點，進行血腥殘暴的抵抗行動，該碉堡於是成為最後一個淪陷於羅馬勢力之處。戰敗之時，他們不願意向羅馬人投降、終生為奴，領袖們決議所有的黨員都應赴死。由於猶太教禁止自殺，他們抽籤決定人選，這人會在大家交出匕首後割開所有人的脖子，最後自己才自殺。這樣一來，雖然大家是自願受死，卻只會有一人實質上自殺而亡。

下圖：耶穌的使徒之一是奮銳黨的西門，他可能曾是這個支派的跟隨者。

太陽聖殿教

太陽聖殿教（Order of the Solar Temple）罕有人知，直到該教信徒在歐洲、加拿大偏遠小鎮引發一波集體自殺與殺人的風潮，從此為人所知。燒毀的小木屋遺址裡發現了用來獻祭的屍體殘骸。民眾原以為他們不過是無害的邊緣宗教團體，知道事實之後都嚇壞了，原來該教眾領袖一心一意要殺死全部的信徒。

天堂之門教（Heaven's Gate）的信徒相信自己自殺後能搭上天空船，這我們稍後會提到，太陽聖殿教信徒則深信，若他們得以火葬，就能在死後重生，投胎到天狼星的行星上。天堂之門的教徒看起來是在喜樂的狀態下迎接

死亡，但太陽聖殿教徒則不全然如此。至少有四分之一的死者是在非自願的情況下遭到殺害，死法包含槍擊頭部、塑膠袋套頭導致窒息、強灌過量安眠藥等。某一名青少年遺體的手腕骨折，證明他在生前為了求生而極力掙扎。

　　太陽聖殿教的全名是國際騎士精神太陽傳統修會（The International Chivalric Order Solar Tradition），創教人是呂克・茹雷（Luc Jouret，一九四七－一九四年），創立於一九八四年。該教承襲了喬瑟夫・狄茫波羅（Joseph Di Mambro）所創的黃金之道基石教（Golden Way Foundation）。狄茫波羅深信自己是十四世紀聖殿騎士團（Knights Templar）轉世，也深信自己的女兒是「宇宙之子」（Cosmic Child）。

　　跟許多邪教的作風一致，太陽聖殿教的信徒在入教時也得交出世俗的資產，不再參與日常俗務，且不與親友來往。該教的組織團體位於魁北克、瑞士與其他國家。修會設有聖壇，教徒遵行儀式、習俗，源頭可上溯至中古世紀。信徒會經歷不同等級的「天啟」儀式，過程需要花費高昂的費用購置珠寶、華服，入教時也需要支付一筆可觀的費用。信徒在儀式上會穿聖殿之袍，懷著誠惶誠恐的心情，親手握住一把劍，狄茫波羅聲稱此劍是正宗聖殿騎士文物，他幾百年前的前世轉交給他的。

　　茹雷與狄茫波羅深陷在自己創造出來的幻想世界之中，提出越來越多妄想。茹雷認定自己是耶穌基督的轉世，兩人聯合讓信徒相信，信徒在死後會在兩人的引導下抵達環繞天狼星的行星上生活。他們提出的靈性願景固然崇高、合宜，茹雷的動機卻不是那麼高尚。每次的宗教儀式之中，他都可以跟一位女信徒發生性行為。

　　法律慢慢地修正，一九九四年末，法律也跟上了邪教的步伐。茹雷被判非法持有槍械。此外，為太陽聖殿教處理會計事務的安東尼奧・狄托想要脫教，試圖帶著妻子與襁褓中的孩子逃跑，但他們脫逃過程並不順利，夫妻都被殺了，雖然政府監督越來越嚴密，他們沒來得及向當局舉報邪教帳目不清的問題。

　　父母雙亡不足以撫平茹雷心頭之恨，他將魔掌伸向三個月大的嬰兒伊曼紐，嬰孩被當作祭品，被削尖的木樁一再戳刺，狄茫波羅在旁宣稱嬰兒是敵基督者。

　　天網恢恢，太陽聖殿教據點雖然分散在世界各處，其所作所為還是逃不過各政府的調查。法律的追捕越來越近，引發一波信徒自殺潮，因為領導人告訴他們末日將近，他們會面臨天災不斷的世界，在此之前最好盡快前往另一個世界。

　　狄茫波羅在殺了寶寶伊曼紐之後，與十二位最親近的門徒在一九九四年十月二日共進最後的晚餐。他們很可能在這次會談中定下了自殺行動的計畫。兩天後，十月四日，信徒開始自殺，有些人死在瑞士的小村莊裡，有些人死在加拿大魁北克風景宜人的滑雪度假村莫合丘。政府得知信徒自殺事件的時候，通常是當地消防局收到通報前往撲滅起火的信徒住家。

　　信徒的死法不一：十五位最內圈的信徒，也就是「覺醒者」，服毒自盡；三十位「不朽者」死於窒息或槍擊；最後五位「背叛者」似乎並非自願死亡，而是被殺害，其中有的人腦部甚至發現了八枚子彈。

　　瑞士的受害者被發現時，身處隱密的地下教堂，身邊有鏡子與其他聖殿教象徵物品。屍體穿著邪教儀典華袍，排成一圈，腳部相抵，頭部朝外，套著塑膠袋。每一名都頭部中彈。

　　多數教徒的房產都付之一炬，因為信徒相信，如果他們火化自己沒有靈魂的屍身，可以加快前

手上拿著邪教用品的魁北克員警。遺物來自位於卡西米爾的房子，五位太陽聖殿教徒在此自殺身亡。

往天狼星行星系統的速度。他們使用倒數計時器來縱火。

　　兩位領導人死後，依然能夠左右剩下信徒的生死。一九九五年冬至前，組織裡還活著的十六位信徒，離家失蹤，許多人留下向親友道別的訊息。後來，人們在法國韋科爾山脈深山森林裡找到這些人的遺體；四位孩童遺體身上有出於防衛行為而產生的傷痕，一位成年女性生前試圖逃跑，下顎骨折。

多數的成員遺體內有鎮定劑。法國當局的結案報告認為，最後這幾位信徒，一位是員警，另一位是建築師，拿汽油澆在家人的屍體上，點火焚燒後再互相射殺，最後倒向火堆。

　　一九九七年春分後不久，魁北克聖卡西米爾又再度發生自殺案，企圖輕生的是五位成人、三位青少年，他們因為設備故障，沒能順利自殺。不過，其中一對夫妻的青少年子女，向父母親表示自己想活下去，因而得以離開現場，剩下的大人二度自殺，這次成功了，房子起火燃燒時，所有人都在裡面，

加拿大魁北克莫合丘，呂克・茹雷的焚毀的住所遺址。十月四日，邪教成員在此「轉移他處」，房子隨後遭到縱火。

其中四具遺體排列成十字架形。青少年被發現時，人在隔壁的房子，除了因為服用鎮定劑而無法行動自如，沒有明顯的外傷。有人留下訊息表明組織的信仰，說明他們活在地球上的時間是暫時性的，不過為了旅行到新的行星前棲身的所在罷了。

聖卡西米爾集體自殺案發生後，警方決定不以縱火罪起訴倖存的三位青少年。從寬處理的原因是倖存者都受到藥物影響，並不能自決行動，而且他們長期受到太陽聖殿教領袖的洗腦影響。檢方還有其他考量因素，如青少年們曾試圖說服大人不要自殺，而且他們最後選擇活下去。

一名太陽聖殿教教徒，解釋為什麼自殺才能提升到更高層次。

天堂之門教

一九九七年三月二十六日，加州聖地牙哥郡的警方接到了一通不尋常的電話：天堂之門教的某位信徒冒險進入該教租下的豪宅，位於聖菲牧場，發現了三十九具屍體。警方抵達現場時，入眼所見的是邪教史上最有秩序的集體自殺案。所有的死者都平靜地躺著，有的在上下鋪床上，有的在地上的床墊上，雙手安穩地交叉在胸前，人人都穿著黑衣黑褲，襪子非黑即白，而且腳上都是全新的黑色耐吉慢跑鞋，胸口縫著的是「天堂之門遠征隊」的布章。

多數教徒的房產都付之一炬，因為信徒相信，如果他們火化自己沒有靈魂的屍身，可以加快前往天狼星行星系統的速度。他們使用倒數計時器來縱火。

現場沒有暴力跡象，只有兩具屍體頭上套著塑膠袋，暗示教徒的死法。多數人身上蓋著紫色毯子，長約一公尺。

　　顯然不想造成警方的困擾，死者身邊都擺著自己的身分證明。戴眼鏡的教徒，則把眼鏡折起來放在證明文件旁邊。

　　教徒們都被「運送」到一艘太空梭上了，該船就在二十四公里寬的海爾包普彗星後面，橫越美國西部海岸的夏季天際。第一批信徒在一九九七年三月二十三日自殺，也就是海爾包普彗星最靠近地球的時候。邪教成員把摻雜了苯巴比妥的蘋果醬與甜點吃下肚，還灌了大量的伏特加。

照片攝於一九九七年，天堂之門的教徒遺體，躺在自殺的地點。信徒穿著一模一樣的衣服，身上都蓋著紫色毯子。

苯巴比妥常用於預防癲癇發作，但是過量服用時會抑制中樞神經系統，讓器官功能遲緩，可能造成腎臟衰竭且造成腦死。每一毫升含一百微克苯巴比妥的劑量就足以致命，這場自殺案中，信徒遺體驗出來的劑量是每毫升血液含有一六四微克的苯巴比妥。血液中的酒精含量則是〇‧一一％，表示他們在死亡當下的狀態已經醉了。由於多數屍體在案發後並沒有立刻解剖，有的等了四天之久，所以在死亡時酒精濃度很可能比這個數值高出許多。郡屬驗屍官解釋，部分屍體的分解程度比其他人更多，所以最後才死的信徒生前應已察覺到先走之人遺體散發的屍臭。沒有任何人生前身上有嚴重的疾病，要是他們沒有自殺的話，三十九人應該都很健康。所有的死者床邊都有打包好的行囊，靠著腳那一端，每個人口袋裡都有一張五元美鈔，還有一些銅板零錢。

看起來，信徒死時頭上套有塑膠袋，讓他們可以迅速窒息，死後袋子被移除。死者被人搬到床鋪或床墊上，再用紫色毯子蓋住頭臉。

隔天，十五名信徒也以同樣的方式平靜地邁向死亡。而三月二十五日當天，最後九名信徒加入了前往天堂的派對。最後兩名死者頭上還有塑膠袋。所有人都理成看不出性別的平頭，十八名男性教徒中有八人受過閹割。這些人究竟是怎麼開始聚在一起的呢？

彗星來臨

一九九六年十一月十四日，一通看似不相干的電話，引發了美國史上最慘烈的集體自殺案。有位業餘的天文學家喬克‧史瑞梅克（一九五〇－二〇〇〇年）致電艾特‧貝爾的電台節目「海岸連線」，該節目熱衷討論奇異詭譎的事物，艾特總是樂於傾聽來自觀眾的超自然經歷。喬克有備而來，他說自己拍到了正在接近地球的海爾包普彗星，彗星後面跟著某種物體，看起來像太空梭。形狀像土星，而且看起來比地球還大！

只要有好故事，貝爾並不在意事實，他邀請寇特尼‧布朗（Courtney Brown）上節目。布朗是「亞特蘭大遠見學會」的主席，他相信「遠端視閾」，宣稱他有三位靈媒已經聯繫上這個奇異金屬物體，該物體其實是由外星人操控的星際航艦。（事實真相是，該照片最後流到媒體手中，證實是顆被認錯的恆星。）

大多數聽到這場訪談的人，大概只會覺得不過是無稽之談，但馬歇爾‧

海爾包普彗星。根據艾波懷的說詞，如果你仔細看，你可以看到一艘太空梭，駕駛人是波妮·奈托斯，她來載走被運送出去的靈魂。

「赫夫」·艾波懷並不作此想，他是一個小型邪教的領袖，也就是天堂之門。這則新聞消息正合他意。他從邪教成員獻上的資金中取出幾千美元，帶著一名忠心的信徒同行，到聖地牙哥郡的「洋邊照片與望遠鏡小鋪」購買了一台大型天文望遠鏡。雖然艾波懷並不擅長操作這台望遠鏡，他還是認定自己透過望遠鏡檢景窗所看到的確實是艘大型太空梭，就在彗星後面。而且，他說，操作者是來自星際的靈魂，也是他的精神伴侶波妮·奈托斯（一九二七－八五年），她去世已經超過十年。現在她特別路過地球，好順道帶走剩下的邪教成員，讓他們進入下一個層次。

教徒只需要做一件事就能分段解放自己的靈魂，那就是摧毀「物理性的容器」，也稱為「載具」，實際上就是他們的肉身。

這事有燃眉之急。艾波懷相信自己得了癌症，不久將絕於人世，必須在自己的「載具」死去之前完成運送，進入新階段的存在方式。結果，其他的教徒也同樣感到焦慮，想要離開，因為他們不能想像沒有親愛領導人的生活。艾波懷會發給大家「登機證」，讓大家在沒有知覺的狀態下赴會，開始星際之旅。

天生的領袖

　　馬歇爾‧艾波懷的背景看不出任何跡象能說明他有瘋狂反社會人格的潛力，將執意帶領狂熱的信徒一同赴死。他的朋友叫他「赫夫」，大家都覺得他很幽默，音樂天分也高。赫夫最愛扮演「大象走路」，逗得大家捧腹大笑。他既風趣又有魅力，懂得掌握搞笑時機，優美的歌聲也讓人陶醉。他的妹妹說，艾波懷在學校時，「向來十項全能」，不管去哪都是隊長或主席。除了人格頗有魅力，他還有雙湛藍的眼睛，像能洞悉人心，又能言善道，在毛遂自薦的時候可以說服任何人。有不少他早年的朋友說，這位年輕的基督徒是天生領袖。馬歇爾‧艾波懷為人熱情，又受人歡迎，似乎什麼都有了。

　　不過，他的家庭背景有些潛藏的陰影。他生於基督教長老會家庭，每三年就會搬家一次，以創建新的教會。漂泊無根的家庭環境，讓艾波懷被迫不斷離開朋友，心中積滿了對青少年而言難以排解的情緒。他也有同性戀傾向，但要是虔誠嚴謹的父親得知此事，一定會覺得噁心。艾波懷家的生活得是一板一眼，不容許亂子。性行為是為了生育，不是為了享樂。這樣的概念想必三令五申，深植家中。這一家人在德州，屬於美國的「聖經地帶」，四處遷移傳揚主的福音。

　　一九六〇年代，也就是艾波懷三十到四十歲之間，他過著非常符合傳統的生活。他娶妻成家，生了兩個孩子，不論住在哪裡，都積極參與藝文活動。他非常投入休士頓大歌劇院公司所製作的戲劇，參與超過十幾場戲劇製作，也在該城市的一所教會裡擔任聖歌隊指揮。然而，一九七〇年代時，一切開始崩塌。他在休士頓的聖湯瑪斯大學擔任音樂教授，無法繼續壓抑心中的同性戀傾向，偷偷跟指導的男學生搞外遇。學校為此開除他，不過他們在艾波懷的終止聘用原因上寫的是「情緒因素的健康問題」。艾波懷狀況越來越不穩定，他離家住進醫院，治療他的同性戀傾向。他當時可能焦慮症發作，為心悸所苦；真正的原因沒人能肯定。

　　但有件事倒是肯定發生了：他遇見一位四十四歲的護士，波妮‧露‧奈托斯，而她會永遠改變他的人生，帶著他超越現實的框架。

　　奈托斯是位年屆中年的母親，在一九七〇年代初也出現了越來越嚴重的妄想，深信某位來自十九世紀的方濟修士對她說話、下指令。奈托斯也主持過多場降靈會，而且許多算命師都告訴她，她注定會遇見一位髮色淺的高個子男人。艾波懷符合描述。

　　奈托斯深信兩人注定成就一番大事，將創立宗教來揭發更宏大的真相。

艾波懷與奈托斯。他倆的幻想漸漸交織入現實，直到變成真實世界。奈托斯去世後，集體自殺盤據了艾波懷的心思。

這兩位靈媒墮入魔障，與家人斷絕往來，在德州過著漂泊旅居的生活，在吸收信徒的過程中，犯下許多小型偷竊案。他們改名換姓，一開始自稱為小波與小皮，後來改稱小提與小度。犯案內容包括盜用家人信用卡、租車後「忘記」歸還，後者讓艾波懷被逮捕，在獄中度過了一小段時光。

這段期間，兩人鑽研各種宗教手冊，以及一些新紀元宗教運動的胡說八道，並開始建構自己的宗教體系。他們發現，自己其實是聖經《啟示錄》中的「那兩位先知」、世界末日即將來臨，而只有乘坐不明飛行物體的外星人才能拯救人類。

他們倆的訓示可以總歸成簡單的概念：人若遵循他倆的規畫，靈魂就能臻至完美，人若達到了新的層次，就可以復活或轉移至新的外星身體，成為不朽之身。若是想要進化成更高層次的意識存有，被新的外星軀體接受，就得要戰勝人類行為背後的卑劣慾望。以該教的解釋，這段過程好比毛毛蟲羽化成蝴蝶，耶穌復活也是一例。

這對搭檔鎖定生機飲食店、瑜伽學校，並利用早期的網際網路來傳遞來自宇宙的訊息，漸漸地吸引了一小群心中有所渴望的人。對容易受騙的人來說，他們很有吸引力，而艾波懷的個人魅力，再加上邪教整體而言提供支持力量的環境氣氛，對許多想要尋找人生意義的人而言，更是心之所嚮。

一旦成功吸引成員入教，艾波懷與奈托斯會運用傳統邪教方法，讓追隨者接受他們瘋狂的觀念。

　　他們鼓勵教徒放棄世俗的財富。絕對不可以有性行為。所有的教徒都需要穿沒有曲線、性別差異的衣服，不做任何裝飾，也沒有個人風格。許多男性教徒自願接受閹割，好讓自己不受世俗慾望驅使。艾波懷在這一點上跟其他邪教領袖大大不同，他真的遵守自己所傳講的禁慾生活，而他也接受了閹割。艾波懷很晚才表現出同性戀傾向，他拿捏不定自己在這件事上的立場，而且這正是艾波懷關注靈命事務的關鍵心理因素，因此，或許他慶幸這項手術能讓他感覺豁然開朗。

　　天堂之門不斷在美國各州各地移動，讓教徒家屬難以找到家人，憂心忡忡。教中要求大量的靜坐冥想、勞動工作，對飲食與自由時間都有嚴格控管，讓成員沒有機會質疑該教中的理念為何越來越荒腔走板。

天堂之門教的信徒在海邊擺拍。該教與其他眾多邪教有不同之處，教徒隨時可以離教。

離開的時候到了

　　奈托斯於一九八五年去世，她沒有經歷任何形體轉變，艾波懷動念改變
方向，新概念具有危險性。天堂之門教逐漸相信信徒的身體都是「載具」，
可以憑著意志脫離，移動進入新的狀態。端看艾波懷的舉動，他似乎也曾想
過外力致死的自殺法，為此他採購了大量槍械，手槍、步槍都有。他的信徒
大多是愛好和平之人，他所提倡的想法讓教徒大大震驚，只好構思新的手段。

　　一九九五年，天堂之門教租下了加州聖菲牧場雄偉的豪宅。教徒們行事
低調，並沒有驚擾鄰居，只是在宅內經營某種大型的網路服務生意。終於，
艾波懷等到了他想要的徵兆：廣播播報彗星正接近地球。教主偕同最信任的
幾位門徒，購入一台大型望遠鏡，證實巨大彗星的後面的確有一艘太空梭。

　　小度，也就是信徒所知道的艾波懷，向信徒證實這艘巨型太空梭上的駕
駛者不是別人，正是小提（奈托斯），她如今已化為外星形體，行經地球的
目的是要帶走受到揀選的少數人，也就是說，信徒都得著手預備離開地球。

　　教徒為了自己的運送事務做準備。他們的網路服務用戶都接到了禮貌
性的訊息，告知服務即將終止。每位信徒都留下錄影紀錄，他們稱之為「最
後的出場宣言」，錄影過程花了好幾天。這些讓人起雞皮疙瘩的影片中，看
得出聖菲牧場環境十分優美，蟲鳴鳥叫、微風徐徐、樹影扶疏，而影片中的
三十九位信徒，各自表述他們有多麼渴望自殺。引人注意的一點是：人人都
看起來快樂得不得了。

　　許多教徒提到小度、小提如何讓他們的人生有了意義，一眼就能看出是
救世主。信徒們興高采烈地赴死，顯示艾波懷對這些迷失的靈魂控制之深。

　　赫夫自己的影片則是最後一場宣道會，企圖在他死後繼續吸引信徒。影
片裡的他看起來有點像妖怪，講話時雙眼圓睜，直直瞪著鏡頭，影片中的觀
眾是完全被洗腦的信徒，全神貫注地聽他說話。糗的是，艾波懷讓鏡頭帶到
眼神空洞的觀眾，卻搞錯好幾個名字。影片中只有二十位觀眾，都要因為他
失心瘋的宗教理念而死去，但是這位基督再世卻沒辦法表現該有的尊敬，把
信徒的名字記好。

　　他最後的專題演講論證是這一類宗教師傅會有的典型內部迴圈式邏輯。
艾波懷解釋道，因為神的國度將給予他們新生命的機會，所以他們要自殺。
這都是為了在他們的「載體」中活下去，實際上的所作所為卻是自殺。

　　艾波懷說話時沒有絲毫遲疑，真心誠意，他的門徒似乎也沒有能力質疑
他。他們這種精神病症狀稱為「共有型精神病」（folie à deux），多人共有

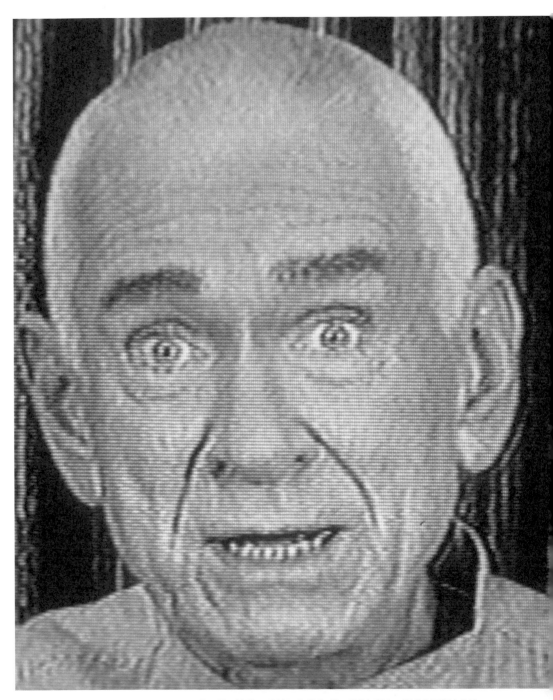

艾波懷的凝視能蠱惑人心，許多人相信他所說的是神聖的啟示。在這張照片中，他正發給每個人一張成為不朽之身的「登機證」。

緊急事故處理團隊將天堂之門教信徒的屍體移出豪宅。第一波自殺的信徒屍體已經開始腐化。

同一個妄想，越多人相信，妄想就越強大。這些妄想或念頭若離開邪教人際網路的支持，就禁不起邏輯檢驗。

　　天堂之門教相信，邪惡的太空外星人叫做路西法教，他們壓制了全人類，讓人們無法升天進入所謂的「下一個層次」。欲得到「人類個體質變」，人得要拋下所有塵世的煩擾。「調頻」可以幫助信徒修行，信徒需要專注在音叉上，心無旁騖，一連數小時。另一個規矩是非到必要不說話。每次修行時間長達數日，所有溝通都是「非必要」，信徒只能說「是」、「不是」或「不知道」，來回應簡答。有時也會使用手寫紙條來交流。

　　在天堂之門教徒的妄想中，艾波懷是耶穌基督再臨，奈托斯則是天父。依照這個推論，耶穌在兩千年前離開了他的「載具」，現在偽裝成艾波懷回

歸世界，以教導學生邁向下一個層次。天堂之門的信徒一旦升天，其他人就不能加入他們的行列，要等到下一個時代為止。不過，話雖如此，艾波懷還是留給我們最後機會，如果我們鑽研他所傳講的訊息，我們也可以得到「登機證」，登上下星際機器。

　　邪教成員平靜地錄下他們最後想說的話，打包自己的東西，在豪宅大掃除，根據警方的說法，宅內「一塵不染」。然後，教徒們喝下伏特加、吃光甜點。

　　在最後一批人自殺前，有人把消息傳給前任教徒，里歐‧狄安傑洛，他因為受不了修道院式的生活方式而脫離天堂之門教（所有的信徒隨時都能夠自由離開，這倒是該教獨有，頗為正向的一點）。他收到的包裹有兩卷錄影帶、一封信，內容十分不祥，是最後的遺言。他趕緊跑到聖菲牧場，只見現場一片災難，而床上躺著三十九位平靜死去的邪教徒，屍體這時已然散發著惡臭。狄安傑洛倒是事先準備了錄影機來拍攝這趟發現，錄完令人悚然心驚的畫面之後，才通知警方。

　　警方一開始以為所有的教徒都是男性，因為他們都穿著寬鬆的衣物，理著平頭，外觀看不出性別。警方趕緊追蹤其他的信徒，以防更多人自殺。但是五十八歲的羅伯特‧尼可斯搶先一步，他曾經是巡迴演出工作人員，一九九七年三月二十八日，他在自己的拖車裡自殺，留下遺書表示，他期待與朋友在下一個層次裡相聚。他用塑膠袋悶死自己，也蓋上了一條紫布。

　　一個多月後，五月六日，在拉斯維加斯附近的智選假日旅館客房內，又有兩位信徒試圖「升天」：五十四歲的韋恩‧庫可殺了自己，而五十五歲的查爾斯‧杭福里斯被救活了，不過他也沒有多活很久，隨後又將汽車排氣管的廢氣導入帳篷，並在頭上綁上塑膠袋。

　　警方調查發現，艾波懷是跟著第二波的十五名信徒一起自殺，他的遺體解剖顯示他並沒有癌症，但他的信徒為此倉促赴死。

　　天堂之門教相信，邪惡的太空外星人叫做路西法教，他們壓制了全人類，讓人們無法升天進入所謂的「下一個層次」。欲得到「人類個體質變」，人得要拋下所有塵世的煩擾。

殺人邪教

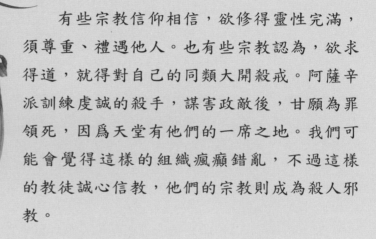

　　有些宗教信仰相信，欲修得靈性完滿，須尊重、禮遇他人。也有些宗教認為，欲求得道，就得對自己的同類大開殺戒。阿薩辛派訓練虔誠的殺手，謀害政敵後，甘願為罪領死，因為天堂有他們的一席之地。我們可能會覺得這樣的組織瘋癲錯亂，不過這樣的教徒誠心信教，他們的宗教則成為殺人邪教。

阿茲提克人

　　阿茲提克人擅長血祭。數百年的時間讓他們發展出血祭的血腥的邪教，目標單一：獻上任何有心跳的生物——毛茸茸的小型動物、年輕男女、又老又皺的阿婆，全都拿來獻祭。任何有心跳的生物，阿茲提克人都認為是好祭品（他們自稱為墨西加人），可以用來安撫他們嗜血眾神。要是受害的祭品在獻祭過程中剛好需要承受痛苦折磨，那更是美妙。

　　你或許可以說阿茲提克人的血祭習俗是叫人心裡發毛的邪教。不過，如果你是那個被一路拖到中美洲金字塔前獻給戰神維齊洛波奇特利（Huitzilopochtli）的祭品，可能就不會這麼說了，你會被一把黑曜石尖刀開

墨西加人在特斯科科湖畔定居，同行的還有他們的眾神祇。他們隨後在此建立帝國，獻給戰神維齊洛波奇特利。

膛剖肚，你的心臟還在跳動的時候會被扯下來，作爲祭禮。

　　墨西加人極爲虔誠，似乎無時無刻都有某位神祇需要祭品。阿茲提克曆法分十八個月，各式各樣的人祭穿插其中。宰殺的祭品可能包含戰俘、女人、童男童女、嬰兒、奴隸還有動物。只有統治菁英或成年男子不會淪落此番命運，除非他們在戰場上遭敵國俘虜。

　　好在一年之中有段時間，所有人都能安心喘一口氣。戰俘、奴隸或其他祭品人類，一年之中至少有五天不用憂慮。二月九日到十三日之間，萬事休止，爲了避免不好的運勢，所有人在這幾天都會待在家，什麼事都不做。

　　其實，墨西加人認爲，不論受害者是爲了哪個教受死，獻祭本身是幫了祭品一個大忙——如果此生沒有好處，至少死後必然受益。阿茲提克與中美洲人的世界觀認爲，人死後是否能夠享樂、過上好日子，完全取決於今生的死法。基本上，今生若死得越慘越痛苦，死後會過得越好越舒服。

　　如果你很不幸，是在親友環繞之下，躺在自己的床上平靜地嚥下最後一口氣，你在死後注定漂泊坎坷，不斷面對審判與磨難，最後住在幽暗陰森的冥界，過著沒有歡笑或顏色的日子。反之，如果你非常幸運，在戰場上被鑲滿黑曜石的武棍打得腦漿迸裂，或者躺在神廟面前眼睜睜地看著自己被剖胸挖心，又或者你是位女子，難產下受難多日才去世，那麼，你其實死得很好，你的靈魂會直接升到天堂的第二高層去。有信念認爲，戰死沙場的戰士會成爲蜂鳥，服事偉大的太陽神。死掉的嬰兒則會立刻升上天堂裡最高的平原，因爲幼兒是純潔的。這種概念或許能解釋，爲何大量的中美洲居民會平靜地受死，就算戰俘人數超過俘虜者也是如此。這種獨特的世界觀對我們而言獵奇又變態，究竟從何而來，我們無法確知，不過我們知道他們在宗教活動上常常吃下致幻蕈菇，因爲人們相信吃下去的人可以一窺神聖之境。據說，有一族的諸王，在大神殿（Templo Mayor）的祝聖儀典上，親眼見證八萬名活人血祭後，再享用神奇蘑菇大餐。經歷這種嚴峻的考驗，他們的心理狀態究竟爲何，後人僅能揣測。

　　墨西加人顯然閒暇時間不少，他們的萬神殿裡有至少五十二位神祇，男女皆有，各神皆有一派信眾。有些神明很重要，同樣地也有不少地位不那麼崇高。

　　爲何一個社會需要微風女神，或是性犯罪之神，外人難以一眼看穿。不過，阿茲提克人亟須滿足所有的主要與次要神祇。他們所獻上的人祭，數量叫人瞠目結舌，祭品死法千變萬化，毆打、斬首、燒死、餓死、淹死、被吃掉、活埋、箭射、器官摘除，都是他們會使用的手段。

中美洲、南美洲各大文明實行血祭已有千百年的歷史。此圖繪於十六世紀。

獻祭傳統

阿茲提克人繼承的獻祭傳統，可以上溯至比馬雅文明、托爾特克文明（Toltec）還早一千年的社會。這些古老社會自伐為祭，雖然不至於死，卻是痛苦至極。他們把尖銳的物品，如動物身上的硬羽毛管、魟魚的倒鉤刺、獸角等綁在有結的線上，用來刺穿陰莖或舌頭，再大力拉扯至大量流血，這些血會灑在祭壇上或田裡面，如此一來人們得享豐饒物產。馬雅人通常用紙來承接血液，再將紙拿到祭壇上當作焚香燒掉，以此召喚神明。人祭也很常見。戰俘往往受到折磨，失勢的首領則成為象徵性的祭品，顯示該城邦已被征服。馬雅人並不會隨便抓人來獻祭，他們重質不重量，祭品範圍通常限定於貴族或被俘的王。被當作祭品的人也不一定會被殺死，有時候他們只會被拔去手指甲或腳趾甲，以產生足以獻祭的血量。

曾有位統治者戴著死去敵人的手指甲做成的項鍊，以此表示輕蔑。戰爭大部分僅限於王室之間的宿仇。

阿茲提克雨神，特拉洛克的巨神像。墨西加人相信，確保豐收的作法是將哭泣的孩童作爲祭品。

墨西加特拉托亞尼（Tlatoani，意即皇帝）特拉凱埃歐爾（Tlacaelel，一三九七－一四八七年）曾獻上人祭，以展示帝國實力，並認爲他之所以有此地位，是來自統治先祖手中曾流過的血。祭禮的政治意涵變得超越宗教目的，在阿茲提克人的統治下，血祭數量達至前所未有的高峰。與此同時，墨西加人也持續自伐爲祭的傳統，有位屢屢戰敗的特拉托亞尼就曾爲了軍事失利而贖罪，他拿磨利的美洲豹獸骨刺穿自己的小腿肚、耳垂、脛部。

墨西加眾神中的主神，維齊洛波奇特利，一年之中收到的人祭數量最高。一年中，至少有五個月會有人爲了滿足這位大神而死，而在第十五個月人們會爲祂獻上集體戰俘祭。身爲太陽神的維齊洛波奇特利，是阿茲提克人的保障，人們相信血祭太陽神，就能確保太陽會照常升起。這個月的每天都至少會有一人死在祭壇上，以防萬一。

維齊洛波奇特利也是該民族的守護神，得要取悅祂來確保戰事順利。跟祂最爲相關的事物爲正午的太陽、戰爭、失火的城鎮，祂常被描繪成噴火的巨蛇。阿茲提克舉國首要目標，就是利用征戰的季節抓俘虜，帶回來獻給太陽神。一位阿茲提克統治者是否身爲明君，得看他在十五月時（約莫是我們的十一月）能獻出多少人。

此節慶之月稱爲「潘奎扎利茲里」（Panquetzaliztli，意爲「舉旗」），

節期戰俘、奴隸會被帶到慶典上，舉行殺戮儀式。每五十二年，阿茲提克人會憂心世界末日即將到來，為了抵消這個可能，人們相信只要以獻上人祭的方式來取悅維齊洛波奇特利，祂就不會毀滅地球。

阿茲提克人為維齊洛波奇特利獻上人祭時，人們會將祭品身上的飾物脫下，讓祭品面朝上方躺在用來獻祭的巨石之上，祭司們牢牢地壓住祭品的頭與四肢。這時會有位年長的祭司，扮成神祇的樣子，也象徵神祇的化身，手持黑曜石刀或燧石刀割開祭品的腹部，挖出還在跳動的心臟，高舉向天，讓太陽神經過天空時可以享用，增強神的力量。祭品的身軀被抬走後，會被火化，或者贈予抓到這位俘虜的戰士，如果是後者，戰士會將祭品屍體剁成塊，贈送給重要人士與親人，並留下一部分給自己，在儀式中吃下肚。

有時，俘虜者會剝下死者的皮，穿戴在身上，以此獲得祭品的生命力與生育力。戰士在墨西加社會中想要累積聲望，得看他能帶回多少獻祭用的俘虜。在祭典時，戰士的穿著與儀式中的角色，會反映出地位的高低。

阿茲提克人是農業民族，雨水對社會而言至關重要。阿茲提克人相信，如果不獻祭給雨神特拉洛克（Tlaloc），天上就不會降雨，作物也無法生長。（大神殿頂端有兩座神龕並列，分別是特拉洛克與太陽神暨戰神維齊洛波奇特利，顯示該社會最為關切的就是這三件事。）人們也認為孩童適合當祭品，不過有個條件：小孩必須哭號。大神殿周圍的考古紀錄中，有四十二名兒童的遺骸，幾乎所有的孩子都有遭到侵蝕潰瘍的牙齒與牙齦，或者身上有其他的感染症狀，這表示當時這些孩童應該總是感到身體不適，大概常常哭個不停。特拉洛克需要幼童的眼淚來滋潤大地。更恐怖的是，如果孩童看起來不夠難受，負責折磨的人會施加更多惡行好讓小孩啼哭。當時屠殺的孩童數量肯定很高，有些估算認為，順利產下的孩童中，每五位就有一位被當作祭品。

從年頭到年尾都會使用孩童祭品。第一個月時，在水神的儀式上會殺兒童獻祭，吃祭品的肉也是儀式的一環，通常由父母食用。供奉大地母神的方法是將一位女童當作母神來供養好幾個月，最後在祭典上將女童斬首為祭，然後祭司會將祭品的皮剝下，穿在身上，以此尊崇大地母神。祭司還會用這張皮在大地母神殿與玉米神龕前進行儀典。

人們相信，祭司一旦穿上母神的皮，就能取得神祇部分的靈魂，轉化為神祕的力量獻給大自然。這張皮會腐爛，過程中神殿瀰漫的臭味可不太神聖，大約三週後，人皮分解到一定程度，祭司沒辦法再繼續穿在身上。同樣地，每年阿茲提克人會以童男童女的血來祝福特斯科科湖（Lake Texcoco），被割喉的祭品所流出的血能賜予生命，人們將其灑在湖面上以確保土地豐饒。取

悅河神的方式是找來六歲的孩童，將他們的臉塗成藍色，雙手反綁在背後，把孩子扔到河道中，也就是河神的居所。人們也會將孩童的心臟拋入河流、溪水、渠道之中。還有一個儀式會用孩童的鮮血搭配玉米麵粉，做成維齊洛波奇特利的形象，再由貴族與特拉托亞尼吃下，有點人肉薑餅人的意味。

托克斯卡託的大筵席

　　泰茲卡特里波卡（Tezcatlipoca）可以說是墨西加眾神之中，最重要的一位。金字塔上有一整階的大型台階都屬於祂，神聖禁地中也有四分之一歸祂所有，泰茲卡特里波卡掌管夜晚、巫術、命運與北方。人們相信祂為了讓眾神有源源不絕的飲食供給而發起戰爭。泰茲卡特里波卡被稱為「那位敵人」，世上所有的紛擾皆因祂而生。更重要的是，祂通曉每個人的命運，若個人或國家想要扭轉命運，就得跟這位強大的神求情。

　　人們認為泰茲卡特里波卡有一切的權能，又通曉萬事，墨西加人對祂的

泰茲卡特里波卡主宰混亂。某青年會以該神祇的身分生活一整年，享盡我們難以想像的肉體慾望，再成為祭品。

其中一個尊稱，可以理解為「吾等皆為其奴」，比較直接的翻譯是「黑曜石」，也就是用來製作祭禮刀具、大多數武器的材料。

阿茲提克曆法中最重要的儀式是托克斯卡託（Toxcatl）的大筵席，約在我們的四月到五月之間，也就是一年中白晝逐漸增長的季節。祭典的預備工作在一年之前就開始了，泰茲卡特里波卡自己還會成為祭品。在一年前的托克斯卡託當天，人們會選出一位特別俊美的年輕男子，他將會扮演這位神明一整年，期間他住在神殿中，人人敬他如神，位高權重的阿茲提克政要與祭司，都會來服侍他。此外，他還會享有四位美少女的陪伴，選自年輕貴族女性，女孩們得要滿足他所有心情與肉體上的慾望。這幾位新娘代表花卉女神、玉蜀黍女神、生育女神、鹽之女神。該男子可以在嚴密的護衛陪伴下離開神殿，漫步在提諾契特蘭（Tenochtitlan）的街道上，接受人民的擁戴與崇拜。

不過，他知道自己好命不長，只是阿茲提克儀典的一部分。到了托克斯卡託筵席當天，人們會領他離開神殿到山頂上，俯瞰特斯科科湖，他會與眾位新娘女神告別，步入此處的小型神殿。他踏入門檻的那瞬間，祭司們會抓住他，從他的胸腔挖出還在跳動的心臟，祭壇與門檻濺滿神的血。當他失去所有的生命跡象之後，人們會當眾宣布下一位被選出的新「神」。

火神修堤庫特里（Xiuhtecuhtli）是墨西加人特有的神祇之一，他的慶典宣告一年之終，所以是個盛大的重要節日。現代人慶祝新年的方式是五花八門的煙火，阿茲提克人在慶典上點燃的是有毛的小型動物、青蛙、蜥蜴，以及，不免俗的，新婚夫妻。

修堤庫特里常在墨西加人心中，人們會將每頓美味餐點的第一口食物扔進火裡，感謝火神的慷慨。不過，在阿茲提克曆法的第十八個月時，丟進火裡的不只是幾口美食。慶典之初，祭司會在神殿前製作一尊藤編的火神像，並點火燃燒，幼童會將自己抓到的動物獻給祭司，祭司接手後也會扔進火中。再來進入火堆中的，是幾對經過挑選的新婚夫妻。他們身穿華美的典禮服飾，象徵火神的化身，被人推入火堆中，在神壇之前焚燒。祭司會仔細看著新人在火中飽受折磨，就在他們快要斷氣之前，用金屬叉把他們從烈焰中拽出來拖到祭祀石上，並將新郎新娘的身體開膛剖腹，挖出他們即將停息的心臟。這場特別殘酷的祭典讓火神可以享用祭品鮮活的軀體，也透過心臟與鮮血獲取新人的生命力。

阿茲提克人的階梯金字塔，台階上通常刻有溝渠，祭典上的血流成河得以注入大地。

金字塔神殿

　　另有一些儀式標記出栽種與收穫的季節，是獻給最古老的神之一，豐饒與生育女神，太蒂歐伊南（Teteoinnan，也叫做 Coatlicue）。這位來自上古的女神可見於北美、中美、南美各原住民族文化中，人們崇拜不同形貌的祂，許多文化舉行的敬拜儀式十分相似。北美洲東部、西南部的部落拋棄了其他祭祀法，但在向各自的大地母神獻祭時，還是保留人祭的作法。阿茲提克的祭祀則最爲極端殘酷。豐收祭的高潮在午夜時分，代表母神的女子會遭到祭司斬首並剝皮。她的皮接下來會被穿在一位年輕男子身上，他暫時扮演該女神最好的一面。祭品一隻大腿上的皮被剝除後，將交由玉米女神的大祭司，他以此皮作爲面具戴著。代表大地母神的年輕男子接著繼續獻上四位祭品，隨後，他將會被驅離帝國領土，大祭司也會戴著這張面具，長途跋涉到帝國遙遠的另一端，把面具放在儲存地。

　　大地女神的祭典與玉米神息息相關，後者的祭典也一樣血腥。人們將年輕女子的臉塗成黃、紅色，代表成熟穀物，並在她的雙腿上蓋滿鮮豔的羽毛。

　　豐收慶典之夜，該女子在神殿前跳舞，連跳好幾個小時，隨後進入神殿。

祭司會抓住她，扛在背上，彷彿自己是一塊祭祀石，此時另一名祭司演出殘酷的一幕，後者砍下祭品的頭，再取出她年輕的心臟。

中美洲民族建造的金字塔神殿不只是祭祀的舞台，也是城邦繁盛的表徵。神殿越是恢宏，國家越是強盛，人們時常重修、重新設計金字塔，好讓神殿越來越高，每次重建工程結束後，人們會舉行獻祭儀式為神殿祝聖。阿茲提克人在許多方面都遠勝鄰近邦國，打遍天下的皇帝阿維特索特爾（Ahuizotl）建完大神殿之後，在首都中心的聖域獻上的戰俘數量，創下了集體祭品的紀錄。

一四八八年，他降伏東北方的邦國，凱旋歸來，軍隊帶回大批的戰俘。被俘虜的男子鼻上穿著繩子被人拉著走，而女子與孩童則被木軛鎖著。皇帝在其他地區的軍事行動也大獲成功，帶著該地區的俘虜歸國，打下的藩屬國接到命令必須提供奴隸。根據某個統計數字，阿維特索特爾此趟擄獲得以獻祭的囚犯數量高達八萬四百名，都用於大神殿的落成祭典。

附庸國的君王、敵對的城邦也受邀前來觀禮。阿維特索特爾打定主意要深深威嚇潛在的反叛勢力，他的獻祭規模也達成目標。偉大的特拉托亞尼擺出盛大奢華的排場與儀典迎接貴客，慶典接著展開。貴客們高高坐在潔白亮麗、嶄新神殿上，身後是戰神、雨神的神龕，賓客席的視野良好，能看見廣場上列隊成伍的俘虜，這些人死期將至。成千上萬的送貨員在城中奔走，帶著帝國各地來的貢品，神殿底端擺滿了難以想像的榮華富貴，隨後被送到城中各處的倉庫。

第二天，祭典開始了。大神殿本身高過城市的部分達三十二公尺，而神殿上的雙主神龕又加了十七公尺高。

俘虜排成的隊伍長到超過都城的邊界，他們一個個被趕上金字塔，爬過一百階台階，迎接自己的命運。走到台階頂端後，祭司抓住俘虜，讓他們往後仰躺，壓在祭祀石上，胸膛朝天，四肢受制，祭司就在這樣的情況下宰割敵族的君王與祭司，取出他們活跳跳的心臟，一個接著一個。祭品源源不絕，

每年八月二十一日是豐收祭高潮，午夜時分，代表母神的女子會遭到祭司斬首並剝皮。她的皮接下來會被穿在一位年輕男子身上，他暫時扮演該女神最好的一面。

一旦持刀祭司太過疲勞，下一個祭司馬上遞補，接手祭祀工作。每個祭品都噴出好幾公升的鮮血，大神殿平台上很快就血流成河，人血沿著神殿四面往下滴，鮮血泉源往下流的時候慢慢冷卻，凝固成血滴狀，慢慢累積成塊。一些祭司用葫蘆承接鮮血，帶去聖域中的各神殿，用來塗抹牆壁、神像，甚至屋頂。烈陽下的鮮血很快就開始發酵腐爛，散發可怕的臭味，整座城市瀰漫著難聞的惡臭。

最糟的部分還沒結束。祭品被挖出心臟後，屍體會被拋下金字塔，旁邊設有屠宰小組，負責肢解、斷頭。砍下來的頭顱會送到頭骨架上擺著，這個全新的展示架是為了這場祭典特別準備。部分的屍體賞給戰士，讓他們在儀式上烹煮食用。不過，這回現宰的新鮮肉品，數量大到根本不可能煮完。於是人們輪番撿拾沒人要的祭品屍體，集中載到附近的潟湖、運河拋棄。由於這次棄置了巨量的屍體，導致水質腐敗，特斯科科湖原本是清澈乾淨的湖，在祭典之後變成臭爛的廢物坑。這一切導致後來的幾個月裡疾病與瘟疫橫行，奪走數千居民的性命。

參與盛會的王公貴族嘉賓並沒有在城裡住太久，所以沒看到後來發生的狀況。他們享用了祭典最後一頓盛宴，以及筵席壓軸菜——致幻蘑菇，又收到貴重的禮物，就在護送之下回到自己的國家了。墨西加人達成目的，完成大神殿落成祝聖，也震懾了鄰國、附庸、盟友，甚至宿敵。人人都目睹了一旦戰敗，後果就是如此血淋淋，不會有國家膽敢挑戰阿維特索特爾。

這些血腥的邪教並沒有存活太久。幾十年之後，一度迅速擴張、不斷流血祭天的帝國，被西班牙征服者帶來的微小生物組織打敗了。西班牙殖民者科爾特斯（Hernán Cortés，一四八五－一五四七年）帶來的東西，遠比西班牙托雷多（Toledo）的鋼鐵，或是無堅不摧的安達魯西亞（Andalusian）鋼更加致命，天花肆虐所有中美洲民族，不論是阿茲提克人，或是與西班牙結盟的部族，都慘遭重創。短短三年之內，強盛的帝國就在戰爭與瘟疫之下衰微。

歐洲酸沼木乃伊

北歐人的祭典雖然不像阿茲提克人一樣是個奇觀，論殘酷卻也不遑多讓，斯堪地那維亞、歐洲地區有數不清的人可能曾經是獻給自然神靈的祭品。至少，這些不幸的人們在受死前，曾經吃過糕餅或稠粥。鐵器時代的信仰崇拜相信，他們可以透過多種殺人方式來滿足不同神明。祭品越痛苦，回報越

以人為祭

歷史上有許多文明都曾以人為祭。住在歐亞大草原的斯基泰人（Scythian，也譯西古提、賽提亞、西徐亞）是最先馴化馬的社會。公元前一千年內，這些部族主宰了這片遼闊的土地，甚至一度威脅了亞歷山大大帝。希羅多德的著作中描述這些部族是如何獻人祭給戰神。他們在戰俘中選出祭品，每一百名之中選一位，帶到木製祭壇上，將紅酒裝在金杯中，澆在祭品的頭上，再割開祭品的喉嚨，並用同一只聖杯盛裝鮮血，再將血淋在聖劍上。同時他們會斬下祭品持劍的手臂，往空中一拋，任其墜落。

希羅多德曾被稱為「謊言之父」，不過他筆下斯基泰人君主下葬時的人祭，已有考古證據支持。該君王葬在一處大土墩下，跟他一同下葬的是多名寵妾與管家，全都是被勒死的。一年之後，同一處墓地多出了五十具屍體，是部落中最好的戰士，也是被勒死的，每一個都清除了內臟，連同愛馬一同下葬。戰士與馬的身體裡都塞滿了稻草與乾草，並插上木樁，好讓外觀看起來是一圈騎馬的戰士，圍繞著君主的陵墓。

印加人（一四三八－一五三三年）會讓年輕女性吃下致幻藥物後，將她們當作祭品獻上。她們的屍體會葬在印加王國國界的石塚之中，理論上成為捍衛國境，不讓邪靈入侵的守護神。

歐洲地區（約公元前二〇〇〇年至公元後四〇〇年），每年會有一位年輕人享有特權，迎娶該地去的大地母神，他在這一年中會享受最好的飲食，也不必工作。春天來臨之前，他成為祭品，遭棍棒毆打、割喉而死，最後葬於沼澤，跟「新娘」永遠在一起。

下圖:希羅多德(約公元前四八四－約前四二五年)被視為「歷史之父」，他是史觀的先驅，採用一定範圍內的證據來形塑歷史觀點。

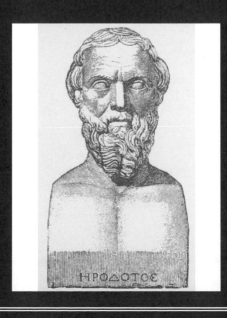

豐富。祭品被勒纏、戳刺、切除乳頭、痛毆至肋骨斷裂、頭部承受斧頭劈砍，最後被沉入沼澤之中，直到永生永世。為了確保祭品不會回來，還會在祭品腹部放置大石塊，或者身上纏上長長的柔軟枝條，搭配木樁，將祭品釘在葬身之地，當作禮物送給神明。

　　忒西塔斯（Tacitus）一類的羅馬作家曾寫過北方「蠻族」獻祭的方式，詳述他們老是殺人來取悅自然神靈，以確保豐收。北方酸沼環境十分適合保存遺體，讓我們能夠知道古時這群自然崇拜者是如何送祭品到另一個世界。這些古老的歐洲酸沼木乃伊（European Bog People）穿越歷史，其中保存狀況最優良的幾具遺體，面容看來依舊痛苦扭曲。

林道人

　　一九八四年八月一日，英格蘭柴郡林道炭蘚沼地挖掘出鐵器時代的人祭遺骸，這具屍體隨後被命名為林道人（Lindow Man）。

　　林道人與同期大多數的人祭品一樣，他生前備受優遇，最後才經歷殘酷的死法。檢驗證明他很可能來自上層階級，因為他的健康狀況良好，雙手柔軟、沒有長繭，證明他的家世背景不需要他從事勞動。他的年紀估計是二十五歲，大約一七〇公分高。

　　證據顯示，他在死前可能享受了一整天鐵器時代式水療服務。他的頭髮、鬍鬚都剛剛修剪過，甚至手指甲也經過打理保養。最引人注意的是，他不久前才吃下一餐雜糧烤糕餅。這些人祭品吃下的餐食，食材多數是嚴冬時期才有的穀物、麵粉，或許暗示了這些祭品的角色。獻祭的時間點在冬季，這一點提示：獻祭的對象是神靈，人們相信祂們可以旋轉地球、帶來春夏季。

　　酸沼屍骸一出土，身上立刻可以看出一些明顯傷痕。頭皮上有兩道清楚的傷口，其下又是兩道大的裂傷，皆是鈍器造成，後者傷處頭骨碎裂，深入腦髓。肚臍上方、右鎖骨上看起來似乎有刀傷。林道人斷了一根肋骨、兩節脊椎。而且從屍體狀況看來，他似乎在經歷勒喉的同時，另有別人重擊他的頭部，或者曾經抓著他的頭拖行，導致頸部骨折。

　　深入研究發現，可以推估林道人在死前所經歷的傷害之先後順序。他的

右圖：林道人死於同族之手，死法痛苦。他的死可能是儀式的一環，為了祈求豐收。

死亡時間在公元前二年至公元一一九年之間，死法像是一場精心設計的展演節目。可能的情況是，他頭頂先遭到兩次重物敲擊，最可能的兇器是短刃斧頭。再來，背部遭襲，或許來自某人的膝蓋，這一擊導致一根肋骨骨折，且可能造成內部器官受傷。然後，有人拿了一條細繩纏住他的脖子，且折斷了他的脖子，隨後他的喉嚨被割開。最後，人們把他放進酸沼池中，面部朝下。

格勞巴勒人

一九五二年，丹麥格勞巴勒鎮附近的泥炭切割機，在工作時發現了格勞巴勒男子（Grauballe Man）。出土的遺骸頭顱上的皮膚有些位移，但並不影響我們辨識他飽受折磨的表情，他承受諸多創傷與痛苦後才死去。遺骸被送往奧胡斯（Aarhus）莫斯格史前博物館（Moesgaard Museum）進行檢驗與保存。

研究很快就發現這具遺骸死於暴力，銳器割開了他的喉嚨。致命原因是

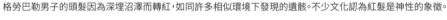

格勞巴勒男子的頭髮因為深埋沼澤而轉紅，如同許多相似環境下發現的遺骸。不少文化認為紅髮是神性的象徵。

格勞巴勒男子的手顯示他生前養尊處優。有可能他本人很早就知道自己會成為犧牲品。

頸部割傷，創傷開口自左耳至右耳，深及氣管、食道，傷口深到食道完全斷開，兇手當時必然下了不止一刀。格勞巴勒男子死時約三十歲，他的頭顱也有傷口，身上其他地方出現骨折，顯示死亡時同時受到三人攻擊，他可能在被割斷喉嚨前，就已經被敲昏。他的雙手與手指保存狀況奇佳，外觀檢視看不出勞動的痕跡，這一點跟許多我們假設是祭品的遺骸一樣。

格勞巴勒男子跟林道人一樣，死亡時間可能是冬季。他生活的年代估計在公元前四○○年至公元前二○○年。檢視胃部內容物發現他最後的一餐吃的是穀物粥，食材是玉米、黑麥、超過六十種香草與草葉類的種子，如苜蓿、斯佩爾特小麥、黑麥、黑麥草（rye-grass）、毛茛（butter cup）、絨毛草（Yorkshire fog）、藜屬植物（goosefoot）、斗篷草（lady's mantle）、龍葵（black nightshade）、鋸齒草（yarrow）、野洋甘菊、還陽蔘（smooth hawksbeard）。沒有發現任何夏、秋季常見水果的痕跡，比如草莓、黑莓、蘋果、野薔薇莓果、覆盆莓，也沒發現任何葉菜類，所以他死的時候，可能植物還沒開始長新葉。這表示，他是在仲冬節慶時遇害，目的是加快春天的腳步。以此為目的的血腥人祭，在鐵器時代達到高峰。

阿拉穆特的阿薩辛派

　　伊斯蘭教有兩大分支，互相競爭，其大宗為遜尼派，小眾為什葉派。穆罕默德（五七一－六三二年）創立第一個伊斯蘭教國家後的一百年間出現分歧。這兩大宗派又各自分成諸多小支流，而什葉派之下的一個教派，讓無情殺手出現了代名詞。

　　該教派被稱為阿拉穆特（Alamut）的阿薩辛派（Assassins），在許多層面上是現今殺人邪教恐怖分子的先祖，這些教徒一心一意想謀害、重傷目標，並不在意與受害者同歸於盡。此教派十二世紀出現，允諾年輕男子死後將過

阿拉穆特位於現今伊朗，以天險為屏。古時也曾有一群瘋狂的殺手守護該地，確保沒人膽敢攻打該城。

著美妙無比的生活，只要他們願意拋棄此生，去殺害教派領袖在政治、宗教上的敵手。教派領袖被稱為山中老人。

被抓的阿薩辛教徒會在承受各種最可怕的折磨時欣然微笑，並接受處刑。他們認定將會有美好的國度迎接他們，那裡的葡萄酒與蜂蜜湧流如水，又有貌美仙女能滿足自己一切的肉慾狂想，這片沃土物產豐饒，果樹與葡萄藤結實纍纍，不像中東地區大部分貧瘠的土地。

教徒導師，自封先知

哈桑・沙巴（Hassan-i Sabbah，約一○五○－一一二四年）是什葉少數派中特別暴力的組織伊斯瑪儀派（Isma'ilis）成員。他先是為了傳教遊遍四方，不知何能籌到足夠的資金，得以買下擁有戰略優勢的山中軍事碉堡阿拉穆特，位於今日伊朗雄偉的厄爾布爾士山脈（Alborz Mountains）。他在堡中是個深具領袖魅力的傳道者，吸引了一幫忠心的追隨者，後來人稱阿拉穆特的阿薩辛派。

哈桑創立教派的過程充滿神祕傳說。阿薩辛派約創立於一○九○年左右，持續發展，直到一二五六年蒙古人剷除了他們最後一個據點為止。今天我們所知的阿薩辛派，大多出於敵對勢力的說詞，這些著述多把焦點放在此派野蠻的本質，少有描寫其正向的一面。不過，我們知道阿薩辛派發展的這段期間裡，人們修建大型灌溉工程，讓大片的荒地成為可耕地。盆地的平原本來已是可耕地，可種植旱作，如大麥、小麥、稻。哈桑為了盡可能擴大可耕地，指示人們修築梯田，將河谷坡地修整成階梯式的平台地，得以栽種豐富的食物。也就是說，當情勢緊迫時，附近的村落有充足的能力來供應碉堡補給所需。

此地建立了一座規模不小的圖書館，館藏包含基督教涅斯多留派（Nestorian）著作，還有許多珍稀古籍；哀哉，這些文獻已不復存，蒙古人入侵時，決心將教團連根拔起，毀滅碉堡的一切。圖書館被夷為平地之前，曾吸引世界各地的學者到此潛心研究，客座學者為了館中罕見的手抄本、科學儀器聚集，流連數月。遠近馳名的圖書館，興建時間可能就在哈桑強化碉堡、改造周遭河谷土地之後不久。哈桑樂於自我宣傳，宣稱自己從先知那裡得到了魔法，而且他還建構出一份可疑的族譜，將自己的族系安插進穆罕默德的後代子孫之中。

阿拉穆特（該地名意為「鷹巢」）蟠踞德黑蘭（Tehran）北方難以企及的崇山峻嶺之巔，幾乎是堅不可破，出入皆須經由同一條陡峭的山路，讓碉堡易守難攻。據說，不論來者數量多寡，只要有足夠的箭羽，單憑一名雙眼銳利的弓箭手就足夠鎮守碉堡。依憑山勢，碉堡地理環境無懈可擊，而阿薩辛教徒瘋狂的威名震懾四方，也讓人不敢造次，他們受訓追蹤摧毀任何得罪領袖的人。「阿薩辛」一詞可能來自哈桑稱呼忠實追隨者的方式：阿薩雍（Asasiyun，詳見本書一一五頁）。不過，據說教徒比較喜歡被稱為費達因（Fida'yin），意思是「獻祭者」。有一個故事常被人引用來詳述教徒的忠誠之心：某貴族曾對哈桑吹噓自己的軍隊規模之盛、力量之大，哈桑聽了，只是輕蔑地表示，自己並不需要這麼多武士，因為他的手下各個唯命是從。語畢，為了證明自己所言不虛，他示意一位追隨者從碉堡的城牆上跳下去，領命的阿薩辛教徒立刻縱身一跳，死在城下的岩石上。

享盡世俗慾樂的樂園

阿薩辛教究竟是用了什麼手段來讓青年男子變成無所畏懼的瘋狂鬥士，願意為之拋頭顱、灑熱血，確實有不少傳說神話，不過可能的情況是，這些人在被吸收入教以前，本來就是適合洗腦的人選。數百年來，主流的遜尼派在中東各地壓迫什葉派教徒，年輕的什葉派教徒聽多了遜尼派可怕的復仇事蹟，受招募入教以陶養自身的心智，而哈桑只揀選他認為能夠成為出色殺手的人入教。有些教徒是在小時候被父母賣給阿薩辛教，年輕的心靈更容易被洗腦、制約。

有一故事流傳甚廣，告訴我們哈桑如何將地盤中某個隱密角落打造成高牆圍繞的樂園，不受阿拉穆特其他地方的窺視。他將許多溪流引至這座由高牆環繞的樂園，創造出塵世中的慾望宮殿。園中種滿了番石榴、棗椰果樹，芬芳怡人的葡萄藤，又有泉水湧流的花園，園中還有年輕貌美的女子，各個深諳性愛之道，技巧高超。

阿薩辛教究竟是用了什麼手段來讓青年男子變成無所畏懼的瘋狂鬥士，願意為之拋頭顱、灑熱血，確實有不少傳說神話，不過可能的情況是，這些人在被吸收入教以前，本來就是適合洗腦的人選。

歐洲人眼中的山中老人。圖中的他身處縱慾樂園，一邊對手下發號施令，一邊有伊斯蘭美女等著他。

這個故事跟阿薩辛其他的傳說或事蹟一樣，可能參雜了幻想與現實。因大型灌溉工程改變貧瘠的土地，小型農耕地在荒涼地景中卻有綠意點綴，是確有此事。通往樂園的途徑只能透過碉堡下的地下祕密通道，只有接受過好幾層教化洗腦的教徒能夠被帶到此處，至於那些不願意接受阿薩辛思維的人，幸運的話，得以打包回家。只有願意完全拋棄過去與一切所有的人，可以接受下一步訓練，直到他們來到最後一站。通過層層篩選的教徒數量極少，這些人完全拋棄自己的人格特質，最後被允許進入阿拉穆特的慾望樂園。

他們先是服用搭配其他藥物的哈希什（hashish，印度大麻提煉品。而阿薩辛教徒在阿拉伯語中被稱為「Hashishin」），陷入昏迷後才被送到阿拉穆特最深處的慾望樂園，臉上被潑醋之後，他們醒來，而後，這些年輕處男想必在這裡嚐到了一點甜頭，體會教中所說，死後生活奧妙之處。伊斯蘭「胡

里」（houri），也就是仙女，簇擁著獻祭者，在他的耳邊低語，要他盡快拋下生命，才能早日回到永恆的天堂。這只不過是讓你過個小癮，她們低聲說，讓你明白等著你的死後生活是怎麼一回事。

　　哈桑的伎倆可不只妙齡女子。他還在其中一間房中的地面挖了個深坑，埋進一位年輕教徒，只露出他的頭，脖子周圍擺著像大盤子的東西，所以看起來像是有顆頭立在盤中央（事實上盤子中心有個洞），而盤中盛滿羊血。觀者會以為自己看到的是顆被斬首的頭顱，但這顆頭會說話，他向房中的教

阿薩辛教鼎盛時期，佔領的軍事要地遍布伊朗、伊拉克、敘利亞。這是邁斯亞夫堡（Masyaf），敘利亞境內其中一座阿薩辛堡壘。

徒說自己遵行主人的命令，如今身處樂園，所在之地番石榴生長繁茂。

　　這種花招當然不能被拆穿，所以扮演頭顱的男子隨後一定得除掉，他真的遭到斬首之後，頭顱會被擺在阿拉穆特的矮牆上展示。

　　年輕力壯的教徒這輩子從沒享受過一丁點奢侈或舒適，滿心歡喜地接受了這套說詞，甘心樂意將忠誠與性命獻給主君。他們死後是不是真的進入那樣的生活，並不重要，什葉派世世代代遭受的壓迫，讓入教的年輕人心中鬥志旺盛，化身為致命殺人機器。

　　阿薩辛教壯大的方法在今天許多邪教之中也可以看到，如教徒忠於有人格魅力的領袖，而領袖讓追隨者相信，有些簡單的方法能夠解決生命所有的問題；還有漫長的教義洗腦與思想改造，而且信徒在達成邪教的目標時，可以得到經濟與性方面的獎勵。

　　跟所有的邪教一樣，追隨者想在組織內提升自己的地位，得先經歷嚴苛的階級制度。阿薩辛教最頂層的是哈桑與他的子孫，哈桑在流行文化中被稱為山中老人，在教中則被稱為尊主，他負責審查教徒資格、對組織下達命令、經營外邦事務。哈桑與繼任者們皆與鄰近統治者維持友善熱情的關係，鄰近邦國想要避免哪天背上被捅一刀，作法之一是提供阿拉穆特大筆的金援資助。尊主之下則是心腹朝臣，也就是策士（Propagandist），再下一階是拉費格（Rafiq，夥伴），最後是拉席格（Lasiq，追隨者）。從後者之中揀選出來的，就是「獻祭者」。

面帶微笑的阿薩辛教徒

　　一開始，有些少年過於渴望來生，部分教徒會自我了斷，哈桑只好修正自己的信息，表示只有遵從他指令的人才能進入樂園。這批手下的年紀在十二到二十歲之間，除了接受意識形態洗腦，也受訓學習暗殺之道，他們下毒、使用刀劍匕首，還有主流武器。弓箭或標槍不適用，因為受訓殺手得要近身接近敵人，發射投擲類的武器會讓敵人有機會逃脫。他們最常用的武器是把短刃彎刀，能輕易藏在袍下，特別適合阿薩辛偏好的近身暗殺。遭到暗殺襲擊擊中之後，還能倖存的人，多數所敘述的情境一致。阿薩辛教徒通常以小組為單位行動，二到五人，按情況站在不同的位置，在一瞬間同時從不同方向出手攻擊，目標遭到狂風暴雨般的閃電式襲擊，此法會造成多處傷口，雖然都不深，卻能奪人性命。

　　　　殺手們被派到千里之外的城鎮，靠著教團的資金融入當地社會，有些一輩子就在遙遠的異鄉度過，若被信使聯繫，接到狙殺目標，混跡人群之中的教徒就會出面追擊。他們渴望死後的應許，變成人們所知道最早的「微笑殺手」。

　　教徒受到的訓練包含騙術、隱匿行蹤、外語，好讓阿薩辛教徒有能力混入環境之中，成為中東各地區在地人的一員。教團資金雄厚，派出去的教徒以教團的資金潛伏在穆斯林、基督教的邦國王朝之中，一待數十年也不成問題，有的教徒身居要職，也有的偽裝成地位低微的工匠討生活。從統治者、伊瑪目到商業鉅子，都沒有人能確定自己最信任的下屬是否來自阿薩辛教。

　　阿薩辛以一座堡壘起家，不過數十年下來，他們擴張勢力到更多碉堡，在伊朗、伊拉克地區大多數地區形成勢力網絡，涵蓋甚廣。這些難以攻下的軍事堡壘陸續派遣訓練有素的殺手到各地，恐怖勢力籠罩世界，長達一個半世紀之久。

　　光是聽到自己得罪了阿薩辛教團謠言的人，就可能讓他們亡命天涯，拋下親友家人。坐轎出入的官員也可能有天會發現，抬轎的人突然叛變，舉刀相刺。有人向敘利亞霍姆斯地方官發出警告，於是他讓一群武裝護衛隨時包圍著他，不過，霍姆斯進入清真寺之時，認定就算張狂如阿薩辛，也不可能在如此神聖的地方逞威風，所以遣散了護衛。真是大錯特錯。祈禱都還沒結束，他就遭到一群人持刀撲擊，被斬成碎片。

　　阿薩辛教團如果收到足夠的費用，也會向基督教徒下手。一一九二年，波微主教寇拉多‧達蒙費拉侯爵出門拜訪親戚，回家的路上遭到兩名阿薩辛教徒襲擊，寇拉多的手下擊斃其中一名，但他已經受到了致命傷。根據某份記載，沒死的阿薩辛教徒藏身在主教小教堂中聖壇之下，趁主教回到內室祈求赦罪時，才現身害人。

　　有時候，阿薩辛教徒不會動手殺人。統治者起床的時候，看到一把亮晃晃的刀插在枕頭旁邊，不少人因此決定改變政策。波斯大首相穆勒克（Nizam al-Mulk，一○一八－一九二年）想要為自己的兒子復仇，派遣大軍直搗黃龍，意圖攻下阿拉穆特，讓阿薩辛教團永遠消失在世界上。

　　等待軍隊集結的過程中，這位大爺某天一早醒來，看見一把晶亮的匕首

歷史上不少人想要拿下阿拉穆特，包含此圖所描繪的塞爾柱突厥人 (Seljuk)。不過真正成功的只有蒙古可汗旭烈兀，一二五六年。

就插在自己的頭旁邊，匕首深入沙中，只剩刀柄露出在外，隨刀附有一張紙條，警告他此舉將葬送自己性命，大軍陪葬。深夜留下此刀的人，不知道究竟是他的手下，還是山上派下來的間諜。穆勒克決定，撤軍為上策。

　　波斯大首相之所以倉皇撤退，可能是因為在當時眾所周知：只要阿薩辛首領發布殺戮目標，他們會不計代價地達成任務。教徒或許可能失手一兩次，但殺手勤懇不懈，最後一定能發現狙殺目標的防禦漏洞。主人的命令從不落空。哈桑與繼任者在這一點上開創了新模式，讓潛伏殺手按兵不動，成為敵對組織的癌細胞。殺手們被派到千里之外的城鎮，靠著教團的資金融入當地社會，有些一輩子就在遙遠的異鄉度過，若被信使聯繫，接到狙殺目標，混跡人群之中的教徒就會出面追擊。他們渴望死後的應許，變成人們所知道最早的「微笑殺手」。

　　阿薩辛主要的狙擊目標通常是壓迫什葉派，特別是伊斯瑪儀派的塞爾柱

穆斯林統治者。阿薩辛教徒絕不傷及無辜，只會殺死目標本人，不會傷害路人或無辜的目擊者，不過教團指示要求盡可能在公眾場合下手殺人。這樣的作法讓阿薩辛威名遠播，使人恐懼，但又不會與平民百姓有所隔閡。教徒萬一被抓，也不會自殺，因為他們相信自殺就不能進入天堂。

　　通常殺手會在偽裝之下攻擊目標，他們在友邦走動時，偏好穿白褂配紅腰帶，象徵純潔與鮮血。

　　阿薩辛殘暴的統治盛世，終結於冷酷無情的蒙古帝國。旭烈兀（Hulagu Khan，也譯呼哈古汗，一二一八－六五年）帶領的蒙古軍團向來攻無不克，圍城戰績傲人，可汗絕不允許新打下的汗國境內有任何敵對勢力。他手下的軍人身經百戰，來自蒙古帝國各地，按部就班地打下一座又一座的阿薩辛要塞，他們兵法詭詐、手段狠毒、科技進步，阿薩辛城池紛紛淪陷，城中居民遭到屠殺，城堡盡毀，周圍肥沃的田園也被踐踏毀棄。

　　一二五六年，連阿拉穆特也淪陷了。圖書館裡部分天文儀器與少數作品在搶救之下沒有被毀滅，但其他的一切都被大火燒成灰燼，梯田盡毀。旭烈兀用了蒙古軍最愛的焦土策略，確保抵抗勢力無法再回歸，任何反抗行動都被殘暴地鎮壓。

　　少數的信徒逃到印度，在那裡被人稱作克賈人（Khoja，意為榮譽皈依者），另有零星的群體留在伊拉克、伊朗、敘利亞地區，但少了阿拉穆特的金援，也不再具有威望，阿薩辛教徒從此不再能左右政局。

　　剩下來的只有關於阿薩辛的傳說故事，以及一種新職業，能奪人性命。

圖克教

　　圖克教（The Thugs）是頗為古老的宗教團體，其教徒襲擊印度次大陸上的陸路、水路，殺害成千上萬名無辜的旅客與商人。他們誰也不放過，不論是一窮二白的乞丐，還是家財萬貫的富商，一視同仁，印度社會沒有人是安全的。對圖克教徒而言，不管是穿金戴銀、綾羅綢緞，還是口袋裡只有幾個銅板的旅客，都可以當作目標勒死。

　　圖克教跟不少邪教一樣，以崇拜神靈當作殺人的藉口，犯罪行為令人髮指。他們一邊接收受害者的財產，一邊自稱「毀滅與肅清靈魂的迦梨女神之子」。迦梨女神的外表挺符合祂的頭銜，這位死神在人眼中的形象有妖魔之感，雙眼圓睜、吐出舌頭。祂有四隻手，一隻抓著才剛砍下來的頭顱，脖子

「阿薩辛」之名由來

「阿薩辛」這個名字的由來曖昧不明，充滿混淆。來自教團山巔的大本營阿拉穆特現存的少數文獻之中，我們得知哈桑稱自己的門徒為「阿薩雍」（Asaiyun），意思是對信仰基業有信心的人。或許外邦旅客搞混了這個詞，以為是另一個相似的字「哈希什」（hashish）。

上述是其中一種解釋。歷史上首度出現的文獻記載，來自法提馬王朝（Fatimid）的哈里發阿米爾（al-Amir）稱這些人為「哈希什」。這是貶義之詞，用來稱呼社會上出身低賤又嗑藥成癮的敗類。

反什葉、反伊斯瑪儀的作家隨後也沿用這個稱呼，用來罵人，此外還用了另一個蔑稱「哈希希雍」（Hashishiyun），意思是吸哈希什菸的人。後者傳到了基督教十字軍之中，他們不了解這個詞真正的意思，卻把該詞帶回歐洲。阿薩辛「assassin」在現代英語中的意思是刺殺、暗殺，詞源已經被人遺忘，意思倒恰好反映了該教團最初的活動。

十九世紀時繪製的哈桑版畫。阿薩辛之名讓人恐懼，但阿拉穆特實際上是個研究中心。

迦梨女神是印度教的死神與破壞神。圖克教以祂的名義殺害了成千上萬名旅客。

上還滴著鮮血，其他的手則拿著致命的武器。不少畫像的女神樣貌是藍色皮膚，戴著一條人頭作的項鍊，穿著人類四肢做成的裙子。在印度的多神信仰系統中，迦梨女神的任務是除去世上沒有用的靈魂，圖克教徒則自立為迦梨的門徒，他們準備殺掉所有落入他們網羅之中的人。

　　被圖克教徒殺害的人所經歷的死亡過程頗為恐怖。幫派首領會在深夜發出暗號，成員們則會暴起突襲受害者。圖克教跟所有的邪教一樣，每位成員各司其職，薩姆楔亞（Shumshea，握手者）會突襲受害者，將對方四肢壓在地上；布托特（Bhuttote，暗殺者）把自己的領巾，稱為「盧末」（rhumal），當鞭子甩出，盧末有一端縫入輕微重量，可以繞住受害者的脖子，慢慢使其窒息而死。圖克教徒施暴畫面的照片中有許多能看到，受害者窒息而死時，眼珠突出，幾乎要撐破眼眶。

　　這還不是最糟的部分。圖克教若要完成他們的奪命志業，一定要把屍體藏好，獻給迦梨女神的屍體不可以被找到。成員裡有一群專業小組叫做戮架伊（Lughaee）、倍剌（Belha），專門負責棄屍。無辜受害的旅客死後受到洗劫，衣物、珠寶、盔甲都被拿下之後，屍體會被帶走，埋在特地預備好的深坑，或者藏屍地點。準備棄屍地點是倍剌的工作。圖克教徒經常在乾涸河床挖坑，也會在叢林深處闢出空地來挖坑，這些空地並不相連。有些案例中，屍坑就在圖克教徒居住的帳篷區下方，也就是謀財害命的案發現場，屍坑不

用多久就會恢復原狀，教徒則繼續在受害者屍體上方過生活。這樣一來，其他旅人比較不會起疑心。

不過，印度炎熱的氣候導致屍體很快就會出現腫脹的現象，因此埋好的屍體會破土而出。為了避免這種情況，戮架伊會切開屍體的腹部，挖掉屍體的眼睛，打斷四肢並割開主要關節的皮膚。這樣一來，屍體腐爛的時候，氣體可以流出去，也能加速分解過程。毀損屍體後，戮架伊會拿出事先準備好的木樁，將屍體深深地釘到地上，最後再用石頭、灌木掩蓋。

多年的實作經驗讓這些墳墓在偽裝下看起來十分自然，完美地融入四周環境。如果該次行動匆忙，不幸的受害者會被丟進乾涸的水井之中，乾井在印度多的是，到處都有。

圖克教徒一聽到暗號，就會撲倒目標。他們只允許最受敬重的成員勒死受害者。

百發百中

　　在英國殖民政府消滅圖克教之前，被殺害的受害者人數多不勝數。英國人在偵訊邪教成員時，聽到的犯罪自白非常嚇人。有位布托特承認他在四十年的圖克生涯中，殺了九百四十六人。調查發現，另有一幫只有二十名成員的圖克組織，曾犯下五千兩百起謀殺。那麼，到底這些人在十六到十九世紀之間，究竟是如何搞出這麼多破壞，卻不會受到制裁呢？

　　主要原因之一是該教派行事隱密。他們的成員來自印度社會各階層，印度教徒、穆斯林、高階種姓、低階種姓，通通都有。一年之中，教徒大部分時間過著正常人一般的生活，或經商或務農，甚至在自己的社區裡備受敬重，而且似乎連他們的老婆都不知道丈夫專門幹這殺人越貨的勾當。

　　一旦次大陸較涼爽的季節到來，人們開始遠行，藏在各處的圖克教徒就會受到召集，這些暗語只有圖克兄弟之間知道，入教之時需要立誓。教團幫派首領稱為劫曼達（Jemadar），負責指定聚集地點，以及出團人選。經營有

一八五〇年代的圖克教據點。圖中可見，這群遊居四方的殺手來自印度社會的各個階層與群體。

術的劫曼達可以吸引上百名圖克教徒加入他的組織。出發之前，所有人都得發誓保密，也被警告走漏風聲者將遭受最嚴峻的懲罰。他們在啟程前會先向迦梨女神獻上合宜的祭品，也會捏造合情合理的故事向親友交代去向，作為遠行的藉口，然後，狩獵人類的行動就此展開。

組織保密精神固然重要，不過如果有人粗心大意或露出馬腳，精神約束就沒什麼用了。或許，在圖克教的案例中，教徒得以長期成功得手，原因滿邪惡的：落入魔掌的受害者，沒有一個僥倖逃掉。據圖克教的說法，他們出手的成功率是百分之百，沒有聽過任何目標活下來訴說這幫殺手會做出什麼好事。

殺手幫派出團時居無定所，殺人方式也花了不少心思，想必百分百成功率是其來有自。他們不會全隊一同上路，通常會散成看似不具威脅性的小組，各自相距數公里，彼此之間以暗號手勢或記號來溝通。

在最前面的先鋒小組負責偵察，他們的工作是這幫人成功與否的關鍵，偵察員滲入城鎮之中，了解哪些商人正要踏上旅途，其目的地與出發時間。這個小組也會尋覓適合的地點，包含下手的位置，讓謀殺得以順利進行，還有最重要的棄屍地點。偵察小組發現適合下手的目標之後，會通知「誘騙」小組，他們的角色是與目標結伴同行，混入其中，取得信任之後，透過哄誘讓目標易於下手。

一旦目標受騙，以為自己安全無虞之後，一幫圖克教徒會逐漸集結到謀殺地點，各自佔據適當的位置，所以目標團隊裡的每一位都至少受到五名教徒包夾。到了深夜，所有人都在各自的營火邊放鬆休息，劫曼達會發出信號叫大家發動突襲，信號通常平凡無奇，像是「幫我遞個菸草」。一轉眼之間，目標隊伍已經被剝光衣物，深埋在早就挖好的墳坑裡。

英國人估計，十八到十九世紀之間，約有兩百個圖克教幫派在印度各處橫行，有的幫派僅有五人，有的人數高達數百。該教派在印度存在好幾個世紀，死在他們手上的無辜印度人肯定有數百萬之譜。

由於行為可恥之至，圖克教徒被抓到時，會由不可觸民拉著走，後者是印度種姓制度中低階種姓的最底層。

不幸身為賤民的人，會將該教徒的手臂牢牢綁好，拖行到城外的處刑樹。受縛教徒被狠狠拋在地上，面朝下，其中一位不可觸民會拿著一把大刀，砍向犯人的雙腳，落刀位置在腳跟上方，切斷阿基里斯腱。犯人雙手受縛，腳不能抬，頸部再上繩套，被吊上樹，慢慢窒息而死。這種處罰方式算是仁慈的。有位納瓦（地方統治者）想要殺雞儆猴，他把抓來的圖克教徒狠狠折磨一番，場景宛如人間地獄。

河上圖克幫

　　圖克教之中有個特別的幫派，河上圖克，活動於恆河地區，也就是印度教的聖河。人數估計有三百，善於誘騙朝聖者搭乘精心布置的小船。河上圖克也使用盧末來勒死受害者，成員也各有職責。他們跟一般圖克幫派的不同之處在於不需要埋葬受害者，只需要將屍體拋下船板入水即可。聖河上本來就有許多屍體載浮載沉，來自貧窮家庭的大體常常還有一半沒燒毀，因為他們沒有足夠的資源，妥善地讓死去的親屬火葬為祭，這些大體最

後會被扔進聖河裡。另一個不同之處是殺人的時機。一旦邦尼級（bunij，目標）被引誘到船上，小船就會航向河中央，教徒一聽到船板敲三下的暗號，就會襲擊受害人。教徒會將死者的屍體向後折，直到脊椎斷裂，再把這位不幸的旅客丟進河裡。

恆河是河上圖克幫進行恐怖謀殺的舞台。

　　首先，割掉該人的鼻子，再把旁邊的皮拉過來蓋住傷口，草草縫起他臉上的洞。教徒被毀容了，再也不能露出洋洋得意的表情。再來，剁下他的雙手，再拿殘肢傷口沾一沾滾燙的瀝青，讓傷口燒焦收口。或者，在該人的臉頰、額頭上烙上圖克教的梵語字母，讓他這輩子再也不能欺騙無辜的旅人。圖克教徒被英國人抓到後，通常會在犯人臉頰上刺青，在雙眼下方留下這個詞。

　　有些圖克教徒的命運是被綁在大象的腿上。馴象人逼大象奔跑，狂奔的大象沒踏幾步，這人就被壓成一團肉糊。英國人還學了印度地方統治者的特別招式，把犯人綁在大砲口上，臉朝砲口，再用一發大砲送他上西天，血肉

內臟齊飛。行刑現場血腥，屍體碎片免不了會像雨一樣落在砲手與圍觀者身上。敢膽成為圖克教徒，下場便是如此。

英國人的剿匪行動

上述這些懲處固然怵目驚心，事實上很罕見，少有圖克教徒的生涯以這種方式終結。一切要等到英國殖民勢力佔據印度不少地區之後，圖克教才真正面臨存亡危機。

英國人首度注意到圖克教是一八〇八年，在北方邦的埃他瓦行政區。該區的圖克幫派顯然過於自負，並沒有細心地處理受害者的屍體。當時英屬東印度公司在該地區的治安官是湯瑪斯‧佩里（Thomas Perry），他負責兵務、警務、稅務工作，於一八一一年上任。人們在主要幹道附近的深溝、井裡發現數百具屍體，每具都是勒頸致死，

駕爾‧汗是位「穆斯林圖克教徒」。他可以在瞬間把頭巾變成致命武器盧末，勒死受害者。

毀屍手法也如出一徹，最後隨意棄置在任何能輕鬆拋棄廢棄物的地方，一點也沒有掩蓋罪行的意圖。光是一座井就能挖出十五具屍體。治安官不知道這是怎麼一回事，先加強巡邏，並提供一千盧比的賞金給願意提供謀殺案相關資訊的人。

終於，一年半之後，根據當地人的密報，抓到了一群嫌疑犯。其中有位年輕人剛加入圖克教不久，也就是一位「奇卜拉」（Kyboola），在審問之下招認自己的身分。

他名叫戈籃‧豪辛。在佩里進一步審問之下，豪辛跟部分同夥供出不少幫派的犯罪方法。他們在法庭前示範如何使用盧末，全場震驚，看著年輕人熟稔地將身上穿戴的布巾尾端打結，纏繞目標的喉頭，平凡的布巾一下就變成勒殺工具。兇手緊握打結的部分，施力收緊纏巾。

　　佩里最為震驚的是這幫人行動範圍距離涵蓋之廣，匪徒供稱，少有團隊會在距離自家三百公里的範圍內行動，藉此掩人耳目。他們還說，居住在該地區的圖克教徒至多有一千兩百人。

　　只要犯案成功，團隊就會迅速離開犯罪現場，移動到另一個行政區，再繼續行兇，所以政府單位幾乎無法追緝匪徒。此時的印度大部分地區並不受英國殖民勢力管轄，佩里也知道要求各地方統治者與殖民政權合作，並不容易，不過他的調查工作還是逮捕了大約七十名圖克教徒，且迫使殘黨逃到鄰邦避禍。埃他瓦得享一段平靜時光，不再出現更多被勒死的屍體，可惜，一八一二年，佩里又得再度面對圖克教勢力，他駐紮地區路旁的井裡，又出現了屍體。檢警抓到的匪徒們，在審判時大多翻供不認罪，法庭缺乏證據，只好判決罪名不成立。其他多數的人早就回到家鄉，重操舊業殺人。

阿杰莫(Ajmere)地區的摩索·比拉吉·佑基，九十歲，法院判定為圖克教徒。願意提供訊息合作的教徒，刑期會改為無期徒刑，只要乖乖合作，家人還會有人照顧。

雖然緝兇行動受挫，佩里的偵察作業加上其他英國行政官的多份報告，堅定了英國殖民統治者的決心，他們不再有疑慮，深知有天終究得要面對圖克教危機。報告也解答了英國軍隊碰上的怪事：許多印度民兵在年假返家後就失蹤了。顯然這些返鄉士兵身上帶著大量現金，在圖克教徒眼中正是待宰肥羊。於是英國人制定法規，敦促當地士兵在回家路上避免與人同行，且得避免接受陌生人提供的飲食。英國人對圖克教所知的一切，由理查·薛伍德醫師統整後，於一八一六年整理成報告〈名叫范西格的殺人集團〉（Of the murderers called Phansigars），頗具影響力，後於一八二〇年再版。

圖克教徒供奉迦梨女神，卻會保留犯案所得之財。他們集結出巡的主要目的是靠著謀害無辜旅客來賺取財物。

剿滅圖克教

多年後，滿懷雄心的英國軍軍官威廉·斯里曼（William Sleeman，一七八八－一八五六年）決心全面剿滅圖克教，才讓匪徒面臨存亡危機。英國軍官留意到，被捕的圖克教徒在提及謀害過的無辜性命時，從未顯露一絲愧疚或悔意，展現的反而是狩獵與殺戮的刺激感。所有的犯人都坦承，如果重獲自由，他們還是會繼續犯罪。

圖克教徒唯獨在錯失女性目標，或是富商恰好逃離爪牙的情況下，才顯現出一點悔恨之心。他們之所以如此泯滅良心，部分是因為教徒以迦梨女神之名遵循嚴格的宗教儀式，也以祂的名義謀財害命。

由於教徒無比投入、熱愛這份非法勾當，英國當局認定必須圍堵所有的圖克勢力，繩之以法，好讓他們再也不能重新回歸印度社會。斯里曼對統治的印度人民產生了深厚的情感，他在東印度公司的職等也不低，他認為除去

圖克教惡徒，是他的職責所在。斯里曼也察覺其他成功逮捕、判罪圖克教徒的英國軍官，都得到獎勵，甚至升遷機會，這正是他往上爬的好機會，他決心投入這項新任務。

圖克教徒自有一套嚴格的倫理規範，其中之一是不可向他人告發同夥。他們之所以奉行這套規矩，並不是因為罪疚感——上文我們已經提過，這群人不太有悔意——而是因為其他教徒如果發現背叛者，很可能會暴力相加。斯里曼認為，要攻破圖克教的人脈網絡，他必須得讓教徒之間互相告發，他以死刑、流放、終身監禁為要脅手段。

一八三〇年二月，斯里曼領軍抓到了一幫圖克教徒，這群人才剛剛殺害三十位受害者，從中搜刮了至少兩千盧比。他們這一回的目標是一群印度民兵，不過其中一位布托特下殺手的時候沒有瞄準好，盧末勒到的不是喉嚨，而是鼻梁。該士兵歷經百般掙扎，有幸死裡逃生，驚動了附近某位巡邏兵。犯人四散逃逸，斯里曼派出的士兵還是抓到了大部分的黨羽。

其中四位轉為汙點證人：願意提供書面陳述書詳細交代過去的行動內容，作案地點、掩埋場所、幫派成員分工、該地區其他教徒的動向與行蹤，作為法庭可採用的證據。這些陳述書經過統整，形成一份厚實的書面證詞，搭配嫌犯身上搜到的贓物，以及其他證人的證詞佐證後，檢方勝訴，十五名幫派分子被判絞刑，其他的人則被送往他處，或被監禁。

斯里曼提高了汙點證人的待遇，讓他們比所告發的罪犯高一等，他保證汙點證人一定有飯吃、有衣服穿，他與汙點證人達成協議，要是關於圖克教的線報正確，證人的家屬可以定期得到一筆錢。汙點證人也不會被判死刑或移交他處。斯里曼的計謀大獲成功，不久這些圖克教徒就覺得自己是受到英國殖民政府雇用的雇員。為了保護他們的人身安全，他們不會跟同夥人待在同一個地方。

斯里曼對汙點證人的要求十分清楚。首先，教徒必須一五一十、絲毫不漏地供出所自己參與過的所有犯案，也必須交代相關人事物的細節，包含姓名、別名、種姓、住處。其次，教徒必須盡可能提供協助，讓所有的罪犯能被捉拿到案並受到審判定罪，就算是親友也一樣。第三，如果做不到以上兩點要求，議定暫緩的死刑立刻恢復，而教徒與其家屬得到的特殊待遇也立刻終止。

依照斯里曼訂立的合作辦法，在英屬印度境內各處的汙點證人就算相隔千里，也能供出得以讓法庭互相參照的陳述證詞。記載案件細節的卷宗又厚又長，列出了所有已知的圖克教成員、往來同夥、曾犯案件。汙點證人帶著

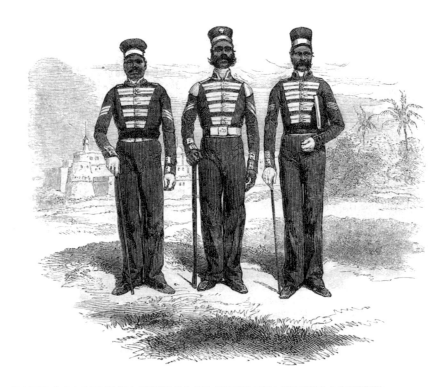

印度民兵。許多富商雇用這類士兵護送珍貴的商品，確保貨物可以在印度的法外之地順利運送。

警方、印度民兵前往曾經犯案的地點，挖掘出更多證據，以及受害的死者屍體，連多年前的犯罪行動也有。失蹤旅客的親屬有時候會跟著調查團前往現場，雖然屍體通常已經腐壞、難以辨識，但他們通常能認出某只涼鞋或衣物，協助調查工作指認受害人，讓證據能上法庭。

　　汙點證人身上銬著輕鐵鏈，容易藏在寬鬆的衣物之下，常常跟著巡警出動以指認同夥，協助拘捕。他們也會去牢裡指認囚犯。如果汙點證人能協助追捕惡名在外的圖克教徒，他們的家屬通常會得到賞金，這樣的作法在窮困的印度非常有吸引力。一八三〇年末，英國人逮捕了數百名教徒。由於證據充足，除了少數例外，幾乎全部被判有罪。接下來的幾年之中，英國殖民政府聘用了一百名汙點證人，上千名圖克教徒在印度各地被捕受審。英屬東印度公司藉由錯綜複雜的族譜、詳盡的地圖，掌握了橫跨次大陸的圖克教徒活動與犯案地點，東印度公司的圖克教與強盜部門列出了至少四千名嫌疑犯。

　　負責追捕嫌疑犯的士兵有強大的動力達成使命，除了可以為死去的同袍

報仇，還可以得到大筆賞金。某巡邏隊成功逮捕了一位有名的劫曼達，隊上每個人都得到數百盧比的獎金，這金額可是好幾年的薪資。被捕的圖克教徒集中監禁，由英國殖民政府的司法體系管理，不會被送回家鄉，要是讓他們回到家鄉，很容易就能透過賄賂手段而提前釋放。斯里曼團隊蒐集到的鐵證如山高，犯人受審後，法院很快就會做出裁決。一八三六年新法通過，只要被指認為圖克教徒，不論是否曾有謀殺行為，可以判其終身監禁並從事苦力勞動。就算在審判時逃過一劫，沒有被定罪，當局還是可以繼續拘留該人，除非他能付出高額保證金，才能被釋放。

一八四三年，又通過了另外的新法，英國殖民政府憑此法就有權從印度地方監獄裡抓走所有的圖克教徒，轉移到英屬東印度公司的監獄，監禁直到他們自然死亡為止。多數的印度地方統治者看到牆上公布的新法規後，就乖乖地與英國人合作。到了一八四〇年代，次大陸上的圖克教勢力幾乎滅絕。一八四八年，斯里曼得意地交出報告，表示該年度完全沒有收到任何意外通報。

逮捕歸案的圖克教徒，終於要為自己的罪行付出代價。一八二六到一八四八年，犯下圖克罪行而被起訴的人共有四千五百名，其中五〇四名遭判絞刑，三千人終身監禁，另外有二十五人被判無罪，判處其他較輕的刑罰。

若被檢方證明罪犯身分是劫曼達、布托特或薩姆楔亞，判決是絞刑。看過行刑過程的目擊者表示，這些罪犯受死時表現平靜自持，他們從監獄大門列隊走出來，每個人都平靜地拿取自己要用的絞索，自己套上脖子，被綁縛也不反抗。行刑時，許多人會高呼「榮耀歸迦梨女神！迦梨之榮耀！」雙腳再推離腳踏板，懸吊而死。

義和團

義和團這派邪教的宗旨單純：殺掉這些意圖從十九世紀中國人手上奪走中國的異族妖魔！

滿清王朝面臨日本、德國、英國、美國，甚至義大利船堅砲利的威脅，被迫簽訂不平等貿易條約。這些入侵勢力促使義和團興起，博大精深、有數

左圖：此圖繪於一九〇一年，圖中所繪的圖克教人祭與事實不符。不論男女老少，一旦遭到匪徒襲擊，馬上就會無聲地死去。

百年基業的中華武術，能鍛鍊出超人，恢復中國人的驕傲。

　　義和團成員耗費長時間習武練功，他們練徒手拳腳，也練習傳統長柄大刀、長矛。團員操練強身健體的體術，類似功夫，同時搭配咒語，讓他們進入近似催眠的狀態，能不受負面情緒影響，不為恐懼、猶疑所動。有些練家子精研「金剛不壞之身」，也就是繃緊腹部肌肉，讓肌肉強硬到可以承受擊打而不受傷的程度，甚至能擋子彈。

　　義和團認為所有的外國人都是一級妖魔，至於皈依基督教的中國人則是二等妖魔，受雇於外國人的中國人則是三等妖魔。每一等妖魔都可獵殺。一九〇〇年發生了義和團之亂，義和團企圖驅逐或殺害所有的西方人，他們殺害了兩百名傳教士與三千名信徒，並包圍北京的歐洲國家大使館。不過，他們很快就發現，光憑紅旗與紅領巾，並不足以與現代槍砲武器相鬥。

義和團擅長屠殺大量西方市民與中國基督徒，但碰上西方軍隊就沒那麼威風了。

　　叛亂過後，上千名義和團拳民被圍捕，幾乎一律遭到斬首、鞭刑、分屍而死。許多人遭到凌遲之刑，身受千刀萬剮而死。

　　中國政府使用凌遲作為刑罰已有數百年歷史。中國人相信，死後若要過好日子，下葬時身體必須完好無缺。唯有犯下窮凶惡極之罪才會遭受凌遲之死，因為這麼做會讓身體破損。所以受刑人除了死前飽受百般折磨，不得好死之外，死後還會繼續不幸。執行凌遲的行刑者在動手前會把受刑人綁起來，再用各種鋒利的刀具一寸寸削下對方的皮肉、乳頭，剜下五官，以此類推。罪犯在凌遲至死之前，需要受刑折磨的時間長度，有明確的規範，時間到了行刑者才能用尖刀對準心臟一戳，讓罪犯一刀斃命，罪犯死後還會肢解他的屍身。

曼森家族

　　十九歲的史蒂芬・佩瑞（一九五一－六九年）不幸在錯誤的時間出現在錯誤的地方。當週前幾天，他與威廉・葛瑞森（一九五〇－二〇一六年）曾經交談過，後者在羅曼・波蘭斯基（一九三三年－）富麗堂皇的住宅擔任房屋管理員，地點位於好萊塢丘賽羅道 10050 號。葛瑞森十九歲，他想要買一台卡式錄音機。一九六九年八月八或九日的晚間，佩瑞帶了一台錄音機，開

描繪外國勢力捲入義和團之亂的諷刺卡通。

韋沃爾斯堡

我們或許可以說，希姆勒 SS 教（Himmler's SS）是終極殺人邪教。SS 信仰系統來自歐洲深奧的異神信仰，在全歐引起一陣恐慌，一身黑的 SS，其核心是神祕的韋沃爾斯堡。

歐洲城堡的歷史，極少黑暗如韋沃爾斯堡。一六五四年，這座三角形的城堡成為宗教裁判所的據點，成千上萬被懷疑是異端、罪犯、女巫的人被禁錮在此，受盡折磨，在韋沃爾斯堡中遭受火刑或絞刑而死。

希姆勒為這座城堡的黑暗歷史添上更多紀錄，他聚集城堡附近集中營的人力來這裡勞動。第二次世界大戰開打後，納粹看似勝券在握，希姆勒為其黑暗帝國的心臟城堡訂下新計畫，他打造了建築，從韋沃爾斯堡延伸出去，包含訓練學校、制服工坊，還有為了展覽聖物所預備的博物館，一旦未來發現聖盃與約櫃，將會存放於此。建物除了有宗教功能，也為軍隊服務，此處會成立學校來教授催眠、預知、通靈。學者則可以在此從事調查研究，找到新方法獲得能量來與星球溝通。

這座建築的中心是將軍廳（Obergruppenführersaal），位於北塔的一間石室之中，希姆勒在此放置一張大圓桌，模仿亞瑟王所用的圓桌。這間石室天花板拱起，十分壯觀，裝飾著納粹、斯堪地那維亞符號，是 SS 教最高層的十二位將軍進行會議的地點。天花板上刻著納粹符號，其正中央則是太陽輪——也就是「黑太陽」。

韋沃爾斯堡在納粹高官之間的暱稱是黑卡美洛（Black Camelot，卡美洛是亞瑟王的城堡）。每當希姆勒得以放下最高安全官的職責時，他會回到城堡裡舉辦許多儀式，包含迎冬至、SS 式婚禮、啟用典禮、禮敬永恆的亞利安之火

希姆勒的 SS 帝國的宗教心臟是韋沃爾斯堡。

車上山秀給葛瑞森看。

　　兩名少年在波蘭斯基大宅後方的管理員小屋裡聊了一會後，史蒂芬·佩瑞走回屋前，坐進車裡準備開回家，只有一小段路而已。佩瑞正要把車鑰匙插進鑰匙孔的時候，一位高大的男子從黑暗中現身，一手拿著一把長槍管的點二二手槍，另一手握著刺刀。佩瑞只來得及尖叫「不！」，身上已然中了四槍，刺刀劃破了他的喉嚨。

　　這名無辜少年只是想賣卡式錄音機，卻不幸與一群惡徒打了照面，這群人在加州遊走，所到之處血流成河。

　　宗師一聲令下，追隨者便離開位於死亡谷（Death Valley）山上偏僻的斯班牧場，下山殺人奪命。查爾斯·曼森（一九三四－二○一七年）想要製造夠多的混亂，好激起美國黑人群起暴動、殺死「優越的」白人市民。只有「曼森家族」的人能逃過此劫，他們將藏身在地下巢穴之中等待，一旦外頭的暴亂屠殺平息，他們就能現身，以更優越的智商與機巧來統治新社會。

　　在迷幻藥、性交、暴力、恐懼的交織作用之下，曼森說動了他的追隨者，他們相信種族戰爭——也就是宗師所說的「Hetler Skelter」[1]——必然發生，信徒的任務是執行隨機式攻擊行動，好加速這個過程。

斯班牧場現況。曼森家族就是從這個據點出發，移動到下方其他郊區謀殺他人。

　　為了達成目標，曼森需要一場高調的殺人案。賽羅道漆黑的一夜，他們完成了任務。羅曼・波蘭斯基是位電影導演，他習慣挑起爭議，不過那一晚他很幸運，剛好不在城裡。他的太太莎朗・蒂是位演員，當時身懷六甲，在家招待朋友。莎朗雖然不是出色的演員，在波蘭斯基的眼中，她甜美的個性與姣好的五官，足以彌補不足。莎朗・蒂與友人即將面臨比夢魘還恐怖的殘酷命運。

　　曼森曾與前任房屋租客有生意往來，因而對這座房子很熟悉。案發當晚，他派手下前往該地：所見之人，格殺勿論。帶隊的是高大的「德克斯」・查爾斯・華森（一九四五年－），一行人行車到豪宅所在地，將車子留在路上，偷偷摸摸地溜進私人領土。德克斯率先切斷電話線，他身後跟著幾名瘋狂的邪教女信徒，有的未滿二十歲，其他也才二十出頭，其中一人是蘇珊・阿特金斯（Susan Atkins，一九四八－二〇〇九年）。日後蘇珊將炫耀自己在攻擊行動中的事蹟。他們切斷了房子的電力系統，準備入屋開始殺人。

　　佩瑞是第一個死的，匪徒殺了他之後就闖進屋，大開殺戒。艾比蓋兒・福爾格（一九四三－六九年）一度逃到前門，卻被擋下，被用廚刀刺死。她男友沃伊塞赫・弗里科夫斯基（一九三六－六九年）試圖對艾比蓋兒伸出援手，但他自己也受到點二二手槍攻擊，背後中彈，他中了至少十三槍，且受五十一次刀刺。

　　兇手後來表示，他們闖入莎朗・蒂的房間時，她抬頭一看，以為他們是在開玩笑。她很快就明白這不是玩笑，他們把她拖到客廳，她看著全身浴血的前未婚夫傑・塞布靈（一九三三－六九年），倒在地上，頭上蓋著毛巾。她哭求他們大發慈悲放過自己，特別為肚裡的寶寶求情，但莎朗還是死了，她被吊在客廳的梁木上，繩子另一端綁著塞布靈的脖子。她身上被刺刀戳傷至少十六次。「聽好了，賤人，我對你才沒有慈悲心。」是她苦苦哀求後所得到的責罵。

　　兇手在屋子各處的門上寫下「豬」，以完成主人的指示。他們在恐怖的

　　　在迷幻藥、性交、暴力、恐懼的交織作用之下，曼森說動了他的追隨者，他們相信種族戰爭——也就是宗師所說的「Hetler Skelter」——必然發生，信徒的任務是執行隨機暴力攻擊行動，好加速這個過程。

死於賽羅道的受害者。左起為沃伊塞赫·弗里科夫斯基、莎朗·蒂·史蒂芬·佩瑞、傑·塞布靈、艾比蓋兒·福爾格。

犯案現場到處留下血書，曼森希望警察會因此逮捕黑人，而引爆種族戰爭。大功告成，兇手們迅速離開，只有在丟棄沾染血跡的衣物、武器時短暫停留了兩回。

　　幾小時的車程後，他們回到了曼森的牧場，炫耀自己殺了幾隻「豬」。但曼森覺得不夠。隔一晚，一九六九年八月十日，另一場殺人派對又開始了。這回的目標相對隨機。曼森選了一棟看起來價格不菲的大宅，恰好是富商的家，住著雷諾·拉比安卡（一九二五－六九年）與妻子蘿絲瑪麗（一九二九－

1. 〈Hetler Skelter〉原是披頭四的作品歌名，指螺旋形溜滑梯，歌曲中用以比喻愛情的起起伏伏。曼森借用此名稱發展自己的概念。

波蘭斯基與莎朗‧蒂的結婚之日。他們與曼森毫無關聯。

六九年）。

　　這對夫妻的命運同樣殘酷。他們都被綁起來，兇手要他們別怕，隨後卻對雷諾出手，刀刺、勒死了他。兇手將切肉刀與肉叉捅進雷諾的肚子裡，並罩住他的頭。蘿絲瑪麗聽到動靜，百般掙扎試著幫助丈夫，卻被床頭的電線勒死，再被刀刺了四十一次。

　　兇手們隨後在受害中年男子的腹部割出「戰爭」一詞，並在客廳牆上寫下「豬玀去死」，另有一處寫著「HELTER SKELTER」。

　　感覺上，加州就要陷入恐懼的網羅之中，但神奇的是，警方並未將這兩個命案連結在一起。就算牆上都是血書，攻擊手法都是多重戳刺傷，最初的調查卻往其他方向偵辦。加州警方的行動證明他們能力不足。發現犯案手槍的人是個小弟，他轉交給警察，警察還是沒有看出關聯性，直到男孩的父親打了好多通電話給警方設置的熱線，希望從警察那裡獲得資訊。被拋棄的沾血兇衣是記者團找到的，他們試圖釐清兇手的脫逃路線，過程中發現了這些衣物，幾乎是直接從崖邊扔下。事實上，蘇珊‧阿特金斯後來因為另一起邪教命案犯案嫌疑被捕，她向獄友坦承這件事時，警方還不願聽取該報告。

　　漸漸地，許多去過斯班牧場的訪客都向警方提供證詞，表示查爾斯‧曼森以及他的「家族」就是多起命案的兇手。警方捉拿犯人到案，並且起訴他們，法院審理耗時九個月，案件受全國注目，人們得知這群人性交、嗑藥、殺人的驚悚故事。

建立「家族」

曼森生於一九三四年十一月十二日，生父不詳。幼年時流離失所，在冷漠的親戚、身為性工作者又酗酒的母親、許多機構之間流轉。這段經歷讓他狡猾如鼠，且對社會有濃濃的恨意。他年輕時曾多次出入監獄，也發展出異於一般的性癖好，包含強暴。曼森的心思似乎全然專注於小型犯罪，直到一九六七年他獲釋出獄，一頭栽進了舊金山、加州的流行文化：「啟動感知、和諧共流、超脫體制」（turn on, tune in, drop out）。曼森發現，從基督教、佛教以及任何有吸引力的信仰內容中東拼西湊，搭配大量致幻藥物，加上平庸的音樂才能，就可以讓他建立自己的宗教。

曼森是名毫不起眼的人，別的不說，他看起來就像一隻雜毛叢生的害鼠。不過，他的照片看不出他的人格魅力或雙眼蘊含的力量。他似乎特別擅長引誘迷失又寂寞的年輕女性，他將這些女孩納入自己最親暱的人脈圈中，利用這些女孩當作甜蜜的陷阱，引誘男子加入邪教。不用多久，曼森就吸引了一群狂熱死忠的信徒。

有段時間，這幫人居無定所，甚至曾經在海灘男孩樂團鼓手丹尼斯·威爾森（一九四四－八三年）的豪宅住上一陣子。最後他們在斯班牧場定下來，一毛錢也沒花，農場主人斯班是個老頭，同意將牧場給邪教使用，交換條件是某位女信徒持續給他性方面的甜頭（該女試圖叫他簽字同意在遺囑裡將牧場土地讓渡給她，好險他沒同意）。一幫教徒就在偏遠的死亡谷農場上住了下來，曼森在此鞏固了自己在教中的地位。

邪教營生的方式，一部分是派年輕女教徒出去乞討或出賣身體。另一個收入來源是偷車，把偷來的大眾汽車改裝成沙灘越野車再賣掉。如果曼森想要取悅男性訪客，他會提供

一九七三年曼森家族的成員。曼森透過混用藥物、性交、暴力、對世界末日的恐懼來操控他的門徒。

蘇珊・阿特金斯說：「我對你才沒有慈悲心。」同時對著莎朗・蒂的腹部狂刺。她用莎朗・蒂的血在門上寫「豬」。

教中的女性任君挑選，幾名都可以，好留住他們。教徒常常使用迷幻藥、大麻，團員建立連結的方式是在星空下進行異性與同性群交派對，有時也會在臨時搭建的總部裡面。

　　他們的大本營一點也不迷人。有些人睡在戶外挖洞建成的地下儲藏間裡，天花板蓋的是鐵皮。其他人睡在破敗雜亂的屋裡。營地有輛老巴士，當作教徒的公共衣櫥，衣服沒人穿的時候就扔在地上，誰想穿都可以拿。這一點也讓負責拉比安卡／蒂命案的調查員在尋找兇手犯罪的證據時頗為頭痛。

　　出身卑微的曼森似乎深諳御人之術，懂得滿足教徒的渴望，好讓他們完全順從他的意思。後來，在命案審判的過程中，人們發現他只要給一個眼神，就能讓惹麻煩的教徒

右圖：查爾斯・曼森在莎朗・蒂－拉比安卡命案之後被捕的樣子。有些人認為：他待在牢裡的時候感覺最自在，就算沒有被捕，也會自願回到牢房之中。

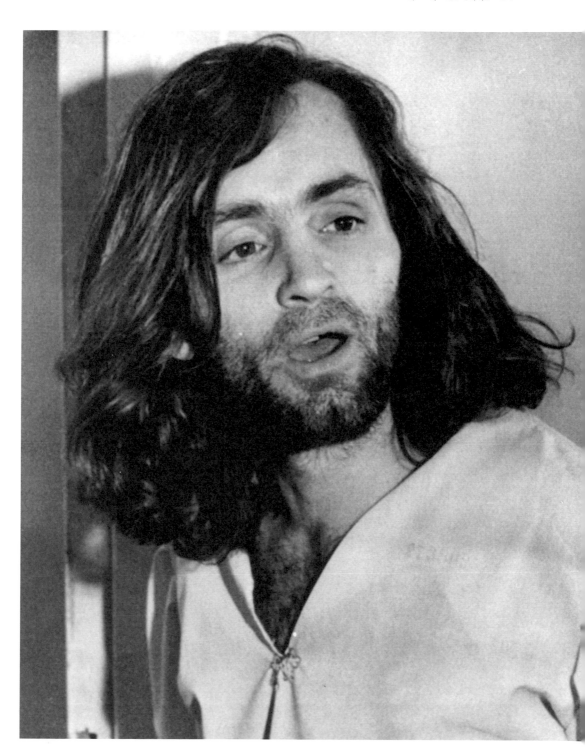

> 曼森邪教營生的方式，一部分是派年輕女教徒出去乞討或出賣身體。另一個收入來源是偷車，把偷來的大眾汽車改裝成沙灘越野車再賣掉。

閉口噤聲。不論他做什麼，追隨者隨即爭相仿效。

曼森在額頭上刻下納粹標誌的時候，所有的教徒都毫不猶豫地跟著做了，他們拿燒熱的針在額頭上燙出記號。

曼森的信徒對他瘋狂的理念照單全收、深信不疑，顯示他們當時嗑藥量之大。曼森自己也受到各種思潮與思想家影響（以最廣義的角度而言），包含希特勒（一八八九－一九四五年）、創立山達基教的 L‧羅恩‧賀伯特（一九一一－八六年）及其宗教、基督教、《舊約》、佛教、黑魔法、印第安霍比族神祕信仰，甚至還有披頭四樂團，其《白色專輯》是曼森最愛的音樂，也是曼森思想的關鍵元素：「HELTER SKELTER」。

HELTER SKELTER

「HELTER SKELTER」包含兩大概念。其一，曼森利用聖經《啟示錄》預言世界末日即將到來（他被曼森家族稱為「人子」，也就是「耶穌」），並將當時的種族政治當作背景，他認定的「次等」黑人將會暴起，攻擊白人。他的任務是引起攻擊行動，是用激烈駭人的方式殺害白人。白人見了這些罪行後，就會鎖定黑人僕傭展開攻擊，而黑人將會反擊，殺死白人。再來，穆斯林黑人會對剩下的非裔美國人發起內戰，直到雙方死傷慘重，極少存活。

與此同時，曼森家族將會躲在某個位於地下的巨大、沒有盡頭的洞窟裡，持續繁衍直到人數達到聖經《啟示錄》所記載的十四萬四千人。此洞無與倫比，穴中有永晝，入口就在死亡谷中，距離他們的農場所在地不遠。洞窟之中流有奶與蜜之河，還有寬廣的平原。有種神奇果樹能生出十二種不同的果實，這種樹掩蓋著洞穴。

依照曼森的狂想，家族遁入洞中生活後，要不了多久，黑人就無法自理自治，而會造訪洞窟，邀請曼森家族離開避難處，回到世間統治一切，他們將成為專制卻開明的統治者。黑人將心甘情願地為白人奴役。由於曼森本人

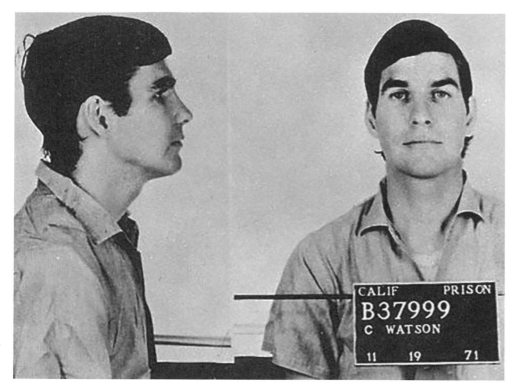

德克斯‧華森負責維持家族內部的秩序。他把曼森的指示奉為圭臬，毫不猶豫地按照曼森的意思出手傷人與殺戮。

是家族領袖，所以翻成白話文的意思，就是他注定要統治世界。

　　一九六九年八月來臨前，曼森決定他將啟動「Helter Skelter」，著手訓練邪教成員殺人。成員第一個得學會的暗黑技能是「暗中潛行」，他們學到入侵住家的基本技巧，趁著半夜入侵人們的住家之後，在房子裡「暗中潛行」，目標是在其中四處遊走而不驚動居民，再悄悄消失，回歸暗夜之中。

　　曼森也進行「殺人學校」課程，訓練年輕女孩拿折疊刀戳刺「豬玀」的方法，練習項目包含割喉，抓著被害人頭髮往後拉，從被害人一邊的耳朵割到另一邊的耳朵。還有其他練習，如刺入被害人雙耳、雙眼、腹部，刺入之後攪動刀刃，盡可能讓內部臟器受創。

　　八月八日週五下午，曼森進一步宣布：「是時候開始 Helter Skelter 了。」當天晚餐後，他要四位成員去拿刀、換衣服，分別是德克斯，以及三位女子：莎蒂（也就是蘇珊‧丹尼斯‧阿特金斯，一九四八－二〇〇九年）、凱蒂（也就是派翠西亞‧克倫溫科，一九四七年－）、琳達（琳達‧卡薩比安，

一九四九年－）。琳達才剛入教，能力尚未得到認可，選她的原因自然是她有駕照；不過後續發展中，她拒絕參與殺人，且在命案審判過程中成為重點目擊證人。

那一夜，四位成員依序坐進一輛老爺車，曼森要女孩們聽德克斯的命令行動。他在幾天前已將目標地址給了德克斯，後者很可能也事先探過路了。琳達拿到了用衣服包好的三把刀、一把槍，萬一被警察攔下來，她得要丟掉這包東西。最後，曼森要他們到時候寫下「有女巫感」的東西。

一幫匪徒來到了賽羅道，將車停在私人莊園的最下方。德克斯剪斷電話線，一夥人爬過圍欄。他們才剛要繼續前進，前方亮起了車頭燈，德克斯要夥伴待著別動，由他來排除障礙。

出發前，琳達得知的訊息是今晚是又一次「暗中潛行」任務。她聽到史蒂芬·佩瑞的哀求，隨後被槍擊四次，她才知道曼森這趟行動真正的用意。

一行人接近房子，外頭沒有燈，德克斯劃破紗窗，成功進入內屋。他要琳達回到車上，車子就停在車道上，琳達目睹了接下來發生的血腥命案。

首先她聽到一名男子先是哀求饒命，而後大聲哀號。寂靜的夜裡，清晰地傳來充滿恐懼的人聲。琳達看到莎蒂、德克斯、凱蒂追趕另外兩名受害者，一路跑到屋外，他們毆打、刀刺受害人，直到對方死亡。

事件不過幾分鐘就結束了。琳達驚慌失措，跑回車上，企圖開車離開現場，就在她發動汽車時，三名兇手出現了，渾身是血。他們駕車離開，直奔斯班牧場，途中只有為了丟棄武器與衣服停車。

曼森送他們出發，他們回來時已經是凌晨兩點，曼森還在。曼森盤問一行人事情經過，還問他們是否覺得懊悔。他還指示一行人將車子裡外清洗一遍，也將自己打理乾淨。當他聽到殺戮過程混亂、嘈雜、血腥的時候，似乎很滿意。

隔一晚，曼森參與程度更高。他指示攻擊小組前往拉比安卡大宅，命令他們待在車裡，單獨入內，他在這對中年夫妻的家中「暗中潛行」，用手中的槍哄誘被害夫妻配合，把他們綁起來。

曼森回到教徒身邊，這次領隊的依然是德克斯，曼森要他們完成行動。殺戮結束之後，曼森開車繞行居民大多是黑人的區域，並把雷諾、蘿斯瑪麗的錢包扔出車外。此舉目標當然是暗示命案兇手是黑人，藉此引發種族戰爭。

曼森明顯促使這些謀殺案發生，甚至他本人也參與其中。日後漫長的調查審判過程中，陪審團越來越明白曼森參與案情的深度，也知道他對教徒依然有極大的掌控能力。

曼森家族的成員:萊絲莉‧凡‧荷頓(Leslie Van Houten)、派翠西亞‧克倫溫科、蘇珊‧阿特金斯,赴法庭聽取判決宣布自己的刑期。

　　一九七○年,審判休庭期間,曼森的辯護律師之一惹毛了曼森,外出健行時可能因此遇害;他的屍體在一九七一年被發現。另一位曾為邪教成員的目擊證人,原本預定要做出不利曼森的指證,吃了一份含有大量迷幻藥的漢堡,該名女子因此得要洗胃,迷幻藥的劑量雖不足以致命,卻能讓她神智不清。

　　曼森與其黨羽被判死刑,不過美國最高法院判暫緩行刑,救了他們一命。曼森在二○一七年自然死亡。其他受刑人大多數還在終身監禁,不過他們時常申請假釋出獄。

　　曼森入獄後,憑其人格魅力支撐的家族逐漸萎縮,只有少數幾名死忠的支持者依然追隨。不過,這個殺人邪教的故事或許將永遠不為人知。曼森宣稱共有三十八起命案是他所為,此外,還有許多犯罪事件無疑跟他有關,但我們至今卻依然不知真假。

4 遠古邪教

對祕密結社的喜好似乎深植在人類 DNA 之中。就連採集漁獵社會也有其神祕儀式，只有少數篩選過的氏族成員得以參與。這些祕密結社與現代密教的特色是不為外人知的知識，以及繁複的入會儀式。使用暴力的祕密結社諸如聖殿騎士團、聖範等，即使過了數百年，依然神祕莫測。上百年來，共濟會一直是個神祕的兄弟會，直到最近會內複雜的儀式才始為人知。

西班牙宗教裁判所

　　天主教會利用宗教裁判所來消滅異端勢力早已行之有年。法國、西班牙都設有神祕的宗教裁判所，蒐集線報，並在隱密處暗中折磨、虐待囚徒。雖然裁判所在例行處決清教徒、純潔派教徒（Cathars）、猶太教徒、穆斯林的時候，宗教裁判官會出現在公眾面前，不過大多時候宗教裁判所是行事神祕的組織，其行事、記載都隱匿而不為人知。許多裁判官員在執勤時佩戴面具，不過當他們跟社會接觸時則以平常面貌示人，所以大眾永遠不知道是否有人正在監視自己，也不知道監視者的身分、對方是否就是身邊的人。

　　法國的宗教裁判所在阿爾比十字軍聖戰（Albigensian Crusades，

西班牙宗教裁判所審判長，托馬斯・德・托爾克馬達，告誡國王費迪南二世與伊莎貝拉女王，務必懲罰西班牙所有的異端分子。

一二〇九－二九年）時率先滲透純
潔教派，阻止顛覆性異端散播。

　　不過宗教裁判所的威名，要等
到西班牙伊莎貝拉女王、國王費迪
南二世於一四七八年成立西班牙宗
教裁判所，並任命托馬斯・德・托
爾克馬達（Tomás de Torquemada，
一四二〇－九八年）擔任審判長後，
宗教裁判所才成為人人畏懼的神祕
黨派，影響數百年之久。事實上，
托爾克馬達所開發出的不少祕密手
段，今天有不少執行嚴刑峻法的政
府依然沿用。

　　他上任的時候，西班牙境內約
有超過十萬名猶太教徒，還有更多
已經改信基督教的猶太教徒，也就
是在上個世紀就已經從猶太教改信
基督教的族群。但西班牙人並不信
任改信者，他們相信這些猶太人依
然在私底下遵守猶太教習俗。西班
牙宗教裁判所的任務就是把他們揪
出來消滅。

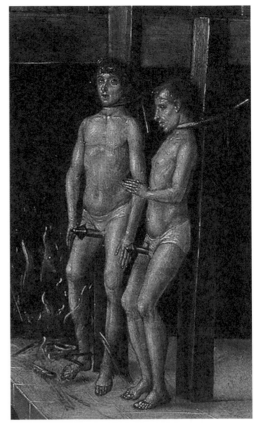

承認自己是異端分子的囚犯會先被絞繩勒死，再受火刑。

　　光是「托爾克馬達」（Torquemada）這個姓氏，就讓人聞之色變，這個
姓起源於某個地名，意思是「受焚之塔」，不過後來這個名字湊巧也讓人聯
想到「扭曲」（拉丁文「torquere」），正好適合當作審判長大人的外號。認
罪者的性命在絞索下終止，而那些不願放棄異端信仰的人，將會在木樁上承
受火刑而死。托爾克馬達延續了上百年來前人偏愛方法，繼續消滅異端分子。

　　銜命上任的托爾克馬達，立刻開始打造祕密警察政府的計畫，宗教裁判
所運作核心就是他的「諭令」。他們明文條列出審判官的職責，官員對異端
的標準也非常嚴苛，每一位行事都毫不留情，行跡散布在西班牙帝國各處，
全民都得經過他們審視，不合規矩者便受折磨、火焚。

　　首先，優秀的審判官必須持續記錄，做出詳盡完美的報告。嫌疑分子的

左圖：托爾克馬達是心狠手辣之人，清修度日，獨愛一事：折磨並燒死假冒的天主教徒。

家族、往來之人、個人歷史，都有詳盡的記載。更重要的是，審判官必須列出目標人士的所有資產，如果證實對方確有異端罪行，其財產皆可收歸國有。

　　當審判官進入新城鎮「清理」異端分子時，會帶著一隊人人害怕的法警（alguacil），也就是宗教警察，這些人惡名昭彰，通常穿戴帽兜以掩飾身分，讓當地居民更加害怕。

　　審判官的主要工作目標是搜索是否有改信者偷偷回復猶太教本宗。托爾克馬達手下的審判官認為有方法能看穿這種異端分子。他們鼓勵人們告發自己的鄰居，就算是遵循最細微的猶太習俗也會被逮捕。一旦入監，囚犯從此與外界斷絕聯繫，唯一跟人接觸的機會是戴帽兜、面罩的宗教警察將他拖出牢房、開始審訊的時候。

　　托爾克馬達裁判所所訂下的第十五號法條允許審判官員在「半確定」罪行的時候，就可以開始折磨異端分子。這種籠統規範造成的結果是，連一絲

西班牙宗教裁判所運作的情況。神職人員禁止碰觸受審人，但可以將異端嫌疑犯送上「審訊」刑具。

絲的懷疑也可以被放大成為證據，也讓所有落入裁判所魔掌的人都會遭受「審訊」。神職人員不得碰觸受害人，也不可以害他們流血，以免玷汙自己的靈魂。

折磨刑罰共分五階段。首先，嫌疑犯會先受到威脅，告知可能受到折磨。如果這麼做達不到目的，他們會從牢裡把受害人拖出來，讓他親眼看看刑具，此為第二階段。接下來的兩個階段，受害者將會被脫光，綁在刑具上。

中古世紀、文藝復興時期，歐洲各地的刑房常設有令人悚然心驚的機關。有些刑架是水平的，在其中一端設有絞盤。有些刑架是垂直的，行刑時吊起受刑者的手或腳，並掛上重物。不少刑架裝設了鑲刺的橫桿輪，使受刑人被迫向後彎曲下背部，加深痛苦。

異端嫌疑犯被綁上刑架後，宗教審判官會再一次問對方，是否願意坦白招供。如果對方不從，審判官會命令助手開始進行最後的刑求階段，人稱「一級審訊」。

啟動刑架，一級審訊委婉的代稱是「延伸」嫌犯的身體。犯人的肢體

刑架是用來做一級審訊，異端嫌疑犯會被綁在這可「延伸」的邪惡裝置上。

末端因為拉伸而疼痛，不久後，四肢骨頭骨折、關節脫臼，刑架帶來的壓力逐漸增加，犯人的韌帶、肌肉拉傷，身體內部很可能承受重大傷害，但是因為沒有外傷，不會流血。折磨刑罰並不是沒有限制，如果受害人之後需要承受火刑，他得要能夠用自己的雙腿走過行刑場，在公眾面前步向死亡。技巧高超的刑官會讓人受盡百般痛苦，卻不會留下任何永久性的傷。

如果刑架無法讓人吐實，刑官還會採用形式特殊的水刑。通常會將囚犯綁在梯上，角度足以讓頭部低於腳部，頭部由金屬束帶固定，四肢與胸口都

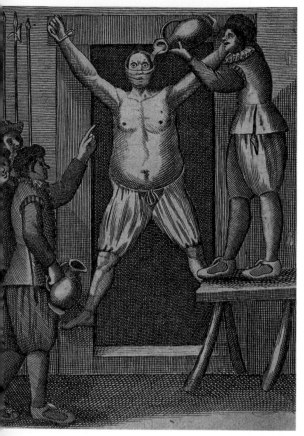

上圖：宗教審判官是率先施行水刑的人。這種折磨不會造成永久性的傷害，但幾乎每次都可以讓犯人從實招來。

右圖：「信仰行動」舉行的地點是火刑場也就是燒死犯人的地方。屆時會有諸多觀眾前來圍觀，場面盛大氣氛歡樂就像狂歡節慶。

牢牢綁在梯子上。他們會將犯人的鼻子捏住，強迫他們張嘴，再把一顆金屬圓球塞進嘴巴裡，又在犯人臉上蓋上一條布巾，然後，拿一壺水灌入犯人嘴裡。犯人會反射性地吞嚥，可憐的傢伙喉嚨裡除了水，還會吸進濕布巾，導致他難以呼吸，就在他幾乎要窒息的時候，才把布巾拿開。整個過程不斷重複。

　　幾世紀之前，教會曾立法禁止反覆折磨犯人，有異端嫌疑的犯人只能受到一次審訊。不過，新的宗教裁判所找到漏洞來避免違法。審判官負責記錄每一個步驟、每一句談話，他也可以選擇「暫緩」程序，之後再恢復審訊，只要他高興，審訊時間、次數都是他說了算。

　　當宗教裁判所讓犯人認罪後，犯人得到的懲罰有幾種，有些人裸體遊街示眾、公開受羞辱；也有的得交付罰金或遭到流放。但是，如果改信基督教卻執迷不悔、堅持異端行徑，或不願意認罪的人，下場只有一種：死刑。宗教裁判所完成任務之後，會將犯人移交政府機關，由他們來處刑，因為神職人員不能弄髒自己的雙手。

　　托爾克馬達手下的宗教裁判所要求這些死刑只能在安息日或基督教聖日舉行，這樣才能吸引大批觀眾圍觀。「信仰行動」（auto-da-fé）儀式一開始，被告人會在地窖外頭排成一列，最前面排的是已認罪的囚犯，他們得到的是罰款或流放等較不嚴峻的處置。最後面排著被判死刑的異端分子，他們頭上戴著長尖帽，款式介於現代小丑帽與主教的禮帽之間，脖子上套著索套，身上穿著黃色粗麻布製作的懺悔服，衣服上畫著在地獄裡被妖魔折磨、承受業

西班牙宗教裁判所是西班牙社會裡高不可攀的存在，到了拿破崙才打破了這個局面。這幅畫描繪的是一六八〇年的信仰行動，位於馬德里主廣場（Plaza Mayor）。

火的人們。據說，如果火焰方向朝下，表示囚犯已有懺悔之心，他們會在絞死後才受火焚，而火焰如果朝上，代表犯人冥頑不靈，不願放棄異端信仰、皈依正途——他們會被活活燒死。

罪人列隊前往火刑場（quemadero），這是為了火刑而特意建造的刑場。行刑者將認罪的異端分子綁在木樁上，先絞死他們以示仁慈，才將木柴堆在犯人腳下點燃焚燒。

沒有悔過的罪人則會活活燒死，且在行刑前還得承受最後一次羞辱。行刑者會從火堆裡抽出一根柴，點燃囚犯的鬍子，這叫「為新基督徒刮鬍子」。囚犯承受一級燙傷，預先體驗即將面對的火焚地獄——死前在木樁上，死後在路西法手中。

托爾克馬達的審判官組成的祕密協會致力揪出「異端皈依者」，他們的成就是鮮血鋪出來的。在托爾克馬達審判長任期之內，他主導了最大型的

純潔教派

第一場十字軍東征發動的初衷是要將穆斯林「異教徒」逐出中東聖地，但是，日後殺意最熾的聖戰，目標卻不是穆斯林，反而是針對同為基督徒的教友。一二○九至一二二九年間，法國南部發生阿爾比十字軍聖戰，大批軍隊襲擊純潔教派居住地，天主教宗教裁判所採用恐怖折磨手段來剷除異端勢力。

純潔教派最初是密教，其教義吸收了諾斯底教派（早期基督教的一支）概念，又摻雜中東地區的神祕主義，純潔教派信徒相信，物質世界是由邪惡的神所創造，與真神為敵對勢力。純潔教派在法國朗格多克（Languedoc）地區盛行，此處地勢險峻，且在中世紀有許多固若金湯的要塞。大約自十二世紀中葉起，該地區的人民開始信奉純潔教派。人們認為男女平等，有些儀式之中可看出當時或許有自由戀愛的文化，人們也不排斥同性戀或避孕。純潔教徒也避免葷食，此外並不譴責自殺。這些神學觀當然都跟天主教會的教誨恰恰相反。

不過，純潔教派作為祕教，之所以會被視為「大異端」是因為他們認為，個人並不一定需要天主教會及其神職人員來得到救贖。純潔教派視教宗為「大野狼」，甚至質疑天堂與地獄的概念，因為教徒相信在個人成為神聖之前，會不斷復活重生。

教宗以諾森三世（Innocent III）認為純潔教派對天主教威脅極大，號召十字軍集結，出征純潔教派，讓他們無法在基督教領地上立足。任何騎士或貴族若在聖戰中佔領純潔教徒的土地，即可據為己有，而若在聖戰過程中戰死，該人的罪孽一筆勾消，可以直達天堂，就跟其他聖戰的規則一樣。

這場血腥的十字軍聖戰至少讓二十萬人喪命。雖然大規模的屠殺、戰爭在一二二九年劃下句點，但道明會（Dominican Order）主持的宗教裁判所依然大權在握，在該地區進行恐怖統治，持續清洗異端分子，把他們抓來燒死。到了一二五五年，純潔教徒與其神祕的信仰習俗已經消失無蹤。

右圖：成千上萬的人死於阿爾比十字軍聖戰。

人口「清理」，藉由費迪南二世（一四五二－一五一六年）與伊拉貝拉一世（一四五一－一五○四年）在一四九二年三月三十一日所簽核的《阿爾罕布拉令》（Alhambra Decree），西班牙境內的猶太人全數被逐出國境。托爾克馬達在一四九八年九月十六日去世，死前兩年才卸下審判長的職位。

政務官宣稱，在伊莎貝拉女王任內，共處死了兩萬名異端分子，至少十萬名異端分子交付罰金或被流放，好成為真正的基督徒。此後數百年內，宗教裁判所暗中追捕異端分子，猶太人不斷遭到流放或被迫改信基督教，要到拿破崙戰爭時，宗教裁判所才被廢除。

聖殿騎士團

許多人相信聖殿騎士團（Knights Templar）由戰士組成的獨特組織，在耶路撒冷徘徊數百年，守護基督教最神聖的珍寶。中世紀歐洲各地不少城堡、兄弟會都屬於他們，可能保存著基督教神話中的遺物，如約櫃、聖盃、耶穌基督寶血等。長久以來有大量的通俗藝文作品都是這麼寫的，似乎要讓人信以為真了。不過，關於該組織的傳言也有較為陰暗的面向，認為這個組織是一群崇拜惡魔的同性戀巫婆組成的，成員藉由自身的權力、影響力來從事令人髮指的異端行徑，甚至可能包含人祭。

或許其中確實隱含了真相，只是沒有那麼極端。就算到了今天，全世界的天主教修會都面臨許

耶路撒冷聖殿山上的阿克薩清真寺。
傳言聖殿騎士團在這裡發現了聖盃。

多指控，稱其犯下戀童癖、強暴以及其他性方面的罪行——有些指控也得到了證實。

聖殿騎士團（也稱為所羅門聖殿的貧窮騎士團）創立於一一一八或一九年，創立者為雨果‧德帕英（Hugues de Payens，約一○七○－一一三六年）與其他八名騎士，他們立志過著貧窮與貞潔的生活。帕英曾參與第一次十字軍東征（一○九六－九九年），見過不少遠赴耶路撒冷朝聖的旅客被攻擊、洗劫。耶路撒冷王鮑德溫二世（King Baldwin）正式認可聖殿騎士團，將聖殿山（Temple Count）上圓頂寺（Dome of the Rock）附近的阿克薩清真寺（Al-Aqsa Mosque，又譯金頂清真寺）賜給該騎士團。這座清真寺的位置正是所羅門王所建聖殿之所在地，也是在中東地區對基督教、猶太教、伊斯蘭教而言最崇高的聖地之一。多數與聖殿騎士團有關的傳說神話都暗示，該團或許曾在此神聖之地挖掘出了什麼寶物。

腓力四世。這位君主急需現金，利用滿天飛的同性戀謠言來逮捕聖殿騎士團成員，沒收該組織可觀的資產。

聖殿騎士團曾在一一二八年正式受到教宗認可，賜予團員專屬純白長袍。一一四七年，這身白袍上又加上了紅色十字架。騎士團也有自己的傳世規章，騎士效忠的大團長對騎士團有至高的權力，至死為止；騎士本身的言行舉止應合乎純粹的騎士精神與自我犧牲的精神。聖殿騎士團員不得與任何女性有伴侶關係，也必須保持禁慾生活。他們不可親吻母親、妻子、姊妹，事實上，任何女性都不可以。如果騎士在加入組織前已經結婚了，他的妻子必須進入修道院生活。聖殿騎士團的生活方式跟本篤會修士一樣：祈禱、用餐時保持靜默、誦念拉丁主禱文、穿著不含個人裝飾品。騎士也接受各式武器訓練，善使短劍、長劍、釘頭槌、十字弓、斧頭。

並不是所有想加入騎士團的人都能如願。聖殿騎士團的總部針對申請人

身世背景深入調查，並嚴格測試該人的品行特質，若他能突破重重關卡，則能參加極機密的宣誓入會儀式，新成員需要發誓服從團長與聖殿騎士團規章，並承諾一輩子過著貧窮與貞節的生活。誓言中最重要的是，騎士會承諾守護耶路撒冷不落入異教徒之手。由於入會宣誓儀式過於機密，招致民間流傳許多不堪入耳的謠言，議論騎士團真正的目的與作為——而法國國王腓力四世（一二六八－一三一四年）趁機利用這些流言，壯大自己。

　　騎士團的規條不可逾越。據說觸犯規條者將有一整年被迫在地上進食，甚至可能被處死，死法是封入聖殿騎士團所屬的碉堡之一。由於聖殿騎士團貧困度日，一開始被人認為是基督徒純潔的典範。不過，他們護衛朝聖者安危的職責，最後導致騎士團形象蒙塵，因為他們開始經手銀行業務，也就是離騎士典範最遙遠的工作。赴聖地朝聖是危險的事，朝聖者賭上的是自己的家當，還有自己的性命。朝聖者與騎士旅行至聖地之前，會將自己的資產存

大團長雅克·德莫萊也逃不過酷刑。他的大腿內側、腹部、背部都被燒熱的鉗子扯下大片皮肉。

放在家鄉聖殿騎士團的城堡裡，以此換得一紙信用匯票——也就是支票最初的雛形。他們抵達巴勒斯坦之後，才會將資產換回現金。

　　兌換業務很單純，卻不斷成長，聖殿騎士團很快就掌握了金融方面的利害關係，人們將遺囑託付給騎士團，並立他們為遺囑執行者。城堡中存放了大量的錢與財富，另有許多人相信向聖殿騎士團捐獻財寶，可以拯救自己的靈魂。後來，對法國國王與其他統治者來說，聖殿騎士團反倒成為不可或缺的存在。騎士團徵稅、支付撫恤金，甚至護衛英國王權所有物。聖殿騎士團的據點遍布在歐洲各處，累積了可觀的財富。

　　民間充斥著各種謠言，傳說聖殿騎士團在聖地獲得珍寶。人們懷疑他們偷偷將聖盃及其他聖物從耶路撒冷帶到法國、英國的騎士團總部。謠言也認為，在騎士團神祕的居所中，遵行的並不完全是基督教的習俗。

　　聖殿騎士團發跡時，只是九位貧窮

敘利亞的克拉克騎士堡（Krak des Chevaliers）。就連最堅固的堡壘也落入了穆斯林手中。聖殿騎士團一旦離開聖地，就失去了存在的必要性。

騎士組成的小小組織，到了十四世紀初，該組織在金融上的威力已經深入歐洲各地。聖殿騎士團的業務甚至加入了大型農莊，得以獲取更多財富。騎士團的工作人員高達數萬，其中只有少部分具有戰鬥能力，多數是俗家騎士、侍從，負責烹飪、打掃，當然還有會計工作。

好景不常，需要騎士團存在的時代終究過去了，基督徒被逐出聖地，十字軍東征畫下句點。一二九一年，穆斯林在亞克（Acre）佔領了最後的十字軍王國，位於今天的以色列。其後不久，最後一批聖殿騎士團也離開了。

今天，世人普遍認為十三號星期五是可能會發生壞事的日子，這在以前並非總是如此，不過聖殿騎士團確實是在一三〇七年十月十三日星期五遭到滅團。這一天成了壞預兆。

聖殿騎士團在被殲滅之前已自成一國。雖然他們失去了十字軍諸國（Outremer，也就是中東）位於聖地的資產，他們還是擁有八百七十座城堡與領地。由於他們擁有教廷特許，不需要向王室繳稅，而他們的軍隊規模龐大、實力堅強，在歐洲儼然是具有威脅性的獨立軍事強權。許多人痛恨他們。

腓力四世於一二八五年加冕為法國國王，他所繼承的王國財務狀況岌岌可危，他花了許多年試著穩固法國經濟，並鞏固自己的權利基礎。一三〇六年，他想要為王室添加額外的收入，此舉導致物價上漲三倍，人民暴動。盛怒的巴黎人勢不可當，國王只得暫時前往聖殿塔（Paris Temple）避難，聖殿

許多聖殿騎士團成員招認了，只受到輕微的處罰。而其他人則受到法國教會的全面復仇，活活燒死。

騎士團前來護衛國王不受暴民襲擊，這一躲就是三天——好心的騎士團卻沒有好報。

可想而知，腓力在躲藏的日子裡，想起了聖殿騎士團巨大的財富。這三天可能讓他認定這正是解決財政務困境的的良方。為了一勞永逸地解決財務問題，大臣吉勒姆·德·諾加萊（Guillaume de Nogaret，一二六〇一一三一三年）獻上一計，計畫把聖殿騎士團成員都抓起來，判定他們是異端分子，並沒收他們的資產。

腓力國王打擊聖殿騎士團的手段效率之高，可以媲美希特勒的長刀之夜行動。一三〇七年九月十四日，巴黎派出了上百名信使出發到法國各地，他們身上帶著密封文件，向國王的親信、同盟勢力、執法單位傳遞打擊騎士團的指示。一三〇七年十月十三日天一亮，法國全境都發布通緝令，追緝所有聖殿騎士團團員。通緝令上指控該神聖組織從事最邪惡的異端行徑，短短幾小時內，法國境內被捕的騎士團成員人數將近五千。大追捕行動之下，設法脫身的聖殿騎士團成員只有二十餘名。聖殿騎士團的形象與聲望跌到谷底，沒有執法單位敢不去追捕獵物。

「震懾式」突襲聖殿騎士團之後，腓力接著進行大力宣傳活動，幾乎像是當今的政治生態。九月十五日，法國每座城鎮、村落，明道會的修士、王室代表向大眾傳講聖殿騎士團腐敗的故事，說他們生活墮落、行肛交等。

腓力已將舞台布置完成，他現在只缺證據來為迫害行動背書，他手下有一批宗教審判官，正摩拳擦掌，準備從聖殿騎士團成員口中套出最叫人髮指的自白之詞。除了宗教裁判所慣用的手段，法國人還發明了特別恐怖的刑罰。他們將豬油抹在嫌疑犯的腳底板上，再把人吊在火上方，於是犯人的腳會慢慢地烤熟，就像串烤乳豬。受刑的聖殿騎士團成員之中有位祭司，受到折磨的幾天後，腳上有骨頭脫落，把他嚇死了。法國宗教裁判所不同於西班牙的宗教裁判所，他們毋須避諱流血。大團長雅克·德莫萊（Jacques de Molay，一二四四一一三一四年）留下的文字提到自己在酷刑下，大腿內側、腹部、背部的皮膚都被扯下。

戰場上的聖殿騎士團

　　聖殿騎士團超群的訓練與紀律讓騎士在十字軍諸國戰無不克。其他的騎士缺乏紀律，會在沒有號令的情況下就出手襲擊伊斯蘭教遊牧民族的軍隊，而聖殿騎士團則必須服從大團長的指揮，所以他們在戰場上是常勝軍。

　　一一七七年十一月二十五日，阿尤比王朝（Ayyubid）的國王薩拉丁（Saladin，一一三七─九三年）對耶路撒冷王國鮑德溫四世（一一六一─八五年）發動了蒙吉薩戰役（Battle of Montgisard）。基督教方的軍隊兵力為三百七十四名騎士、八十名聖殿騎士、數千名配戴十字弓與長矛的步兵，這批軍隊面對的是兩萬六千名伊斯蘭遊牧民族組成的軍隊。

　　兩軍交戰，人數較少的基督教軍隊在兩側受到敵軍包圍，不過穆斯林軍隊因為在周圍地區大肆掠奪補給而顯出疲態，鮑德溫決定直搗黃龍。

　　首先，他派出伯利恆大主教帶著聖物「真十字架」騎馬前行，他自己則在聖物前俯伏祈禱，求神賜下勝利，之後，他才指揮騎兵進入戰鬥位置。軍隊的中心是聖殿騎士團大團長，聖阿芒的奧多（Odo of St Amand，一一一─七九年）及其手下八十名騎士。聖殿騎士團組成了堅實的前鋒（有些學者認為隊形為楔形）。騎士們不斷往前推進，突破了薩拉丁的防線，穆斯林軍隊潰敗四散。聖殿騎士團所向披靡。薩拉丁設法騎著駱駝逃跑，軍隊所有的行裝補給都成為十字軍的戰利品。

右圖：蒙吉薩戰役中，聖殿騎士團優越的紀律、鎧甲、武器成為對付穆斯林絕佳利器。

聖殿騎士團成員在酷刑下招認的罪行十分駭人聽聞。所謂的新成員入會儀式包含對十字架吐口水、不承認耶穌基督，成員所崇拜的異教偶像有四張臉，頭上還有惡魔犄角。根據自白的內容，一旦完全加入騎士團後，要是拒絕會中弟兄的性行為邀請，顯然是不識時務。事實上，這些自白內容的相似度高得驚人，法國宗教裁判所明顯藉由酷刑讓騎士團成員照著劇本念稿。許多人在交出自白書後反悔，即使他們反悔的代價是接受火刑。

不論如何，攻擊奏效了。教宗支持腓力的打擊行動，歐洲各地的聖殿騎士團紛紛被捕、受到酷刑。騎士團的土地、資產被奪走，法國王室的金庫很快就湧入巨量的財富。不過，腓力的好日子並沒有過上太久，或許聖殿騎士團確實擁有某種聖物，賦予他們超自然的力量。

一三一四年三月十八日是雅克·德莫萊接受火刑的日子，他詛咒吉勒姆·德·諾加萊，說他活不過八天，教宗的死期是四十天。他在死前淒屬的詛咒表明，腓力四世活不過一年。幾週後，諾加萊死了，而三十三天之後克勉五世（Clement V）死了，腓力四世只多活了八個月。

有少數據點逃過了清洗行動。如果我們暫時放下來自現代的懷疑主義心態，或許能想像，在蘇格蘭的核心地段，有處祕密的地窖，聖殿騎士團依然在此守護著基督的寶血、聖盃、約櫃。

左圖：讓雅克·盧梭是啟蒙時代頗具影響力的思想家。他認為君權神受是迷信。

光明會

關於光明會的陰謀論之多，幾乎沒有任何祕密組織能出其右。光明會本來是共濟會（Freemasons）分裂出來的組織，但後來他們滲透了許多共濟會會所，全盤掌握共濟會諸會所的

局勢。陰謀論者非常在意光明會，人們認為
經濟災難、革命、戰爭都是光明會造成
的。事實上，雖然光明會現在似乎並
不存在，人們依舊對光明會充滿興
趣，今天我們也還看得到光明會的
標誌。而且，在光明會勢力還龐
大的時候，該組織似乎也致力於
促進社會進步，光明會可以說是
啟蒙運動之子。

　　啟蒙時代（也稱為理性時
代）是十八世紀發生於歐洲的運
動。十六、十七世紀因宗教而起
的戰爭，加上科學發展，讓許多歐
洲知識分子開始質疑社會制度，在
當時，社會結構是基於受到神授君權
的君主、貴族、教會掌控，使其餘多數
人口過著卑賤的生活。

　　啟蒙運動認為理性、邏輯比迷信更重要，
人們開始探索自由、寬容、兄弟結社、平等、
民主等理想。啟蒙運動的核心思想是改善人
類處境的渴望。

巴伐利亞光明會的創辦人是亞當·韋斯豪普
特，他利用共濟會的會所來傳播激進的信念，
希望驅除基督教與國族主義。

　　培根（一五六一－一六二六年）、笛卡
兒（一五九六－一六五○年）、洛克（一六三二－一七○四年）、伏爾泰
（一六九四－一七七八年）、盧梭（一七一二－七八年）是啟蒙思潮的領袖。

　　盧梭在著名的作品《社會契約論》（一七六二年）寫道：「人生來是自
由的，卻無處不在枷鎖之中。」盧梭此說當然是兼具象徵與實際上的意思。
人受到社會階級的桎梏，又因為缺乏教育而困於無知。光明會追求的就是光
照這種出於迷信與傳統的無知。

　　巴伐利亞光明會的創辦人是亞當·韋斯豪普特（Adam Weishaupt，
一七四八－一八三○年），他出生於德國南方巴伐利亞邦的美麗小鎮因戈爾
斯塔特。他在社會上很快就展露頭角。韋斯豪普特的成長過程中閱讀許多啟
蒙時代的作品，他在二十七歲時被提拔，擔任因戈爾斯塔特大學教會法的系
主任。

上帝之眼，光明會長久以來使用的象徵圖案。只有祕社中的資深成員才能配戴。

　　他跟同代的許多人一樣，也加入了屬於共濟會的嚴格規儀（Rite of Strict Observance），該組織的信念是嚴格遵循共濟會的儀式，成員得以在組織內晉升。嚴格規儀跟其他親民、波西米亞風格的會所不一樣，講究遵行法律的文義。不過，該組織跟其他會所一樣，不能討論政治或宗教，所以共濟會大致上是被動地觀察社會動向。

　　韋斯豪普特想要利用共濟會的知識與儀式，推動社會改變，讓社會不再受制於基於血緣的階級與教會的支配。他想要解放人類社會，為此，他在一七七六年五月一日，創立了光明會。

　　韋斯豪普特的厲害之處在於，他並不想讓光明會成為共濟會的敵對勢力，而是利用強而有力的盟友，逐一掌握歐洲各地的會所。他招募所長加入他創立的新組織，而這些人會從各自的會所招人入會。很快地，歐洲各處的共濟會會所都在光明會的統轄之下，卻不是所有的共濟會會員都能加入光明會，信仰虔誠的人無法接受光明會明顯的反基督教立場。

> 成員可以透過執行繁複的儀式、頓悟來屏除腦中的雜念；拒絕先入為主的觀念、偏見、恐懼，進入提升、超脫的精神境界。

這個新的祕密組織目標多元，他們希望消除基督教、國族主義在歐洲的影響力，以泛歐洲共和國取而代之。法律的核心將保障人權，而每個人都能藉由自身的實力提升社會地位——以功績社會的形式來推動社會進步，而不是讓當時普遍的貴族制度導致階級僵化。光明會將耶穌說成是最初的光明會會長，因為耶穌企圖將人類從當時帝國的枷鎖中解放出來。

為保持隱密，光明會成員用古物當作自己的代號，彼此之間也從不稱呼對方的頭銜，他們將國家、城市重新命名，並使用許多加密術語，如星期幾、月分等，也更改了通用年份，將公元六三〇年當作元年（選這一年似乎沒有什麼原因，只是要混淆企圖閱讀祕社文件的人）。成員之間辨識彼此的方式是神祕的手勢、握手方式，類似共濟會卻又稍有不同。

為了達成光明會的組織目的，他們開始嘲弄歐洲教會、貴族。成員將資金投入光明會，用來發行攻擊教會的文宣、手冊。大學教授、政府官員甚至神職人員都積極參與光明會的宣傳策略。嘲笑政治領袖、揭發其罪行的文章大量廣傳。

光明會也有追求靈性生活的一面。成員可以透過執行繁複的儀式、頓悟來屏除腦中的雜念；拒絕先入為主的觀念、偏見、恐懼，進入提升、超脫的精神境界。光明會有一點跟當時許多結社不同，他們歡迎女性入會。

成員經過了靈性啟蒙的各階段之後，光明會才會教導符號學的精奧，該組織的符號至今依然有人使用。

光明會使用的思想訓練與今天

莫札特也是光明會的一員。要是他在世的時候，身為光明會分子的身分被揭穿，他可能會失去不少贊助者。

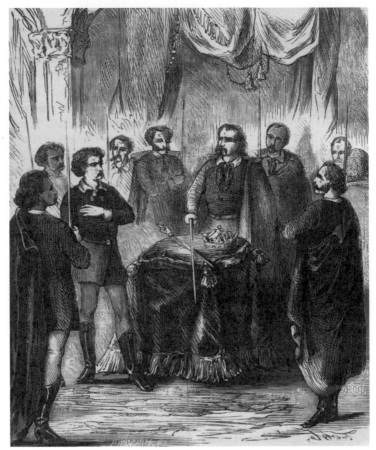

就算到了現在，光明會複雜的儀式依然神祕難解。想要在組織內晉升階級，需要接受不少學習。

的精神治療法極為類似。成員經歷自我探問的過程，檢視自身過往的創傷、人格形成時期的經歷，以及隨著閱歷而來的先入為主之觀念、心智所受的限制。清除這些負面屏障後，他們得以進入「靈知」（gnosis）的狀態，也就是靈性上天人合一。

　　光明會的格言是「要有光，就有光」。所以，透過自我察覺，人可以與宇宙神聖力量合而為一，同理，檢視社會、理解歷史造成的社會問題根源所在，就能排除問題，塑造烏托邦式社會。

　　光明會並不是以恐懼與威嚇為基礎的黑暗神祕結社，正好相反，成員若想要進入啟蒙狀態，必須遵循會中規定的程序——初階分為四等：預備級、新手級、密涅瓦級、小光明士級，再往上升則是象徵性共濟會階級，分三等，

玫瑰十字會

我們對這個暗中行事的組織所知不多。玫瑰十字會（Rosicrucians）創立於十五世紀初，創立者可能是傳說中的基督徒羅森克魯茲（Rosenkreuz，一三七八－一四八四年），他追尋的靈性道路混合了神祕學與鍊金術，目標是進行世界性的改造。他創立了與基督教會分道揚鑣的祕密結社，此後成為許多密社的範本，如共濟會、光明會。

玫瑰十字會的思想可見於兩本十七世紀的日耳曼刊物：《玫瑰十字兄弟會傳說》（*The Fame of the Brotherhood of the Rosicrucians*）、《玫瑰十字兄弟會的自白》（*The Confession of the Brotherhood*），這兩本著作是典型地故作糊塗、故弄玄虛，任何教徒都可以從中擷取自己想聽到的任何信息。

因此，許多讀者深信玫瑰十字會是近代科學、政治革命的背後推手。

右圖：玫瑰十字會的儀式依舊是個謎。不過該組織可能吸引到的會員都是上層社會人士。

而更上一層則是蘇格蘭共濟會階級，也分三階。這些等次再往上則是分二等的小神祕士級，最後則是大神祕士級，最高二級則是魔術師與君王。

密涅瓦級可能是最重要的等次，因為從這一級開始，成員需要簽署服從光明會的宣誓文件，投身淨化知識分子的運動。通過這一階之後，會員才可以配戴全知之眼（也稱為上帝之眼）。眾多陰謀論者熱衷討論這隻位於金字塔頂的眼睛。

在短短幾十年內，光明會會員數可能高達二千五百人，其中包含莫札特

（一七五六－九一年）。不過，樹大招風，人們開始對光明會有微詞，甚至心懷怨恨。慕尼黑有幾位大學教授遭到逮捕，他們承認自己是光明會的一員，招認自己並不遵循基督教，也不認為自殺是有罪的。

共濟會發現自己有諸多會所都受到這個不可知論者組織所轄制，開始試著驅逐會中加入敵對陣營的成員。巴伐利亞邦於在一七八五年在法律禁令下，所有祕密結社都遭到禁止，光明會也從此走入歷史。果真如此嗎？

不少光明會成員在社會上大權在握，以韋斯豪普特為例，他成為哥廷根大學的哲學教授，該校位於日耳曼下薩克森。表面上他過著低調的生活，不過有些理論認為他推動的運動並未中斷，只是轉為地下組織。確實，法國大革命（一七八八－九年）時期的許多領袖人物據說是服膺於這個神聖的組織。他們一開始試著實踐光明會的理念，但在恐怖統治之下，無法無天的暴行不久就讓運動蒙塵，或許也是組織邁向終點的開端。

如果光明會確實成為地下組織，其會員也依然為了開創一個具有世界性、靈性、具有實體的烏托邦而持續努力不懈，他們的成績顯然並不突出

共濟會

今天人們眼中的共濟會是個頗為無害的組織，花更多精力行善，而非忙著統治社會。不過共濟會在過往的評價並非總是如此正面。

不少共濟會會員都曾因為身為此神祕組織的一分子，讓他們即使身處險境卻得以大難不死。一八一二年，法軍大規模撤離莫斯科時，有位法國軍官曾被俄羅斯哥薩克人俘虜，他跟幾百名同袍都被剝光衣服，關在某座穀倉裡，他們在那裡眼睜睜地看著哥薩克人把

簽署美國獨立宣言的人，有不少是共濟會成員。圖中，喬治·華盛頓身著共濟會圍腰。

共濟會的倫敦會堂。世上還有不少像這樣宏偉的共濟會建築，見證這個講究友愛的社團曾經權傾一時。

衣服賣給俄羅斯農民，一件只賣一戈比（kopek）。士兵深知他們如果落入這些農民手中，將會遭遇怎樣的命運，已有許多法軍俘虜被關在天寒地凍的茅房裡活活燒死，或者被綁在倒下來的樹幹上，頭部遭輪番痛擊。

　　隊長看到有群俄羅斯帝國守衛軍的步兵營軍官走過，他急中生智，對他們做了共濟會的手勢，希望能引起注意。一小時後，他不再渾身赤裸，不但得到了食物，還被安排坐上了有遮篷的德洛斯基（droshky，俄羅斯古時矮式馬車），速速前往環境舒適的牢房。該群軍官裡有位俄國人認出了手勢，把

日常用語中的共濟會行話

　　今天世界上依然有許多共濟會會所存在，該組織也持續積極參與社會。英語中不少常見的日常用語，其實是來自共濟會。比如：

　　「On the level」（真心誠意）意思是不論背景如何，在會中一律平等。這個詞也與石匠工藝的基礎技能有關，用於製作角度正確的石造物、磨平石面，需要經過訓練才能達到的工藝水準。

　　「Hoodwinked」現在的意思是被騙或被耍了，不過這個詞也還留著古時原意：眼睛被布蒙起，這是申請人在某些共濟會儀式中的狀態。

　　「Blackballed」現在的意思是某人申請加入俱樂部被拒絕，或是永遠感到羞愧。這個詞來自共濟會新成員的入會程序。若新成員候選人是已入會的會員提名，會所即可掌握該人的背景與過去資訊。會所將投票決定是否接納新成員，投票方式是在箱子裡放入石球。如果有會員知道該候選人身藏黑暗的祕密，或過去有糟糕的行為舉止，會員將在箱子裡放一顆黑色的球。同意則放置白球。就算幾百顆石球只有一顆是黑的，候選人也會出局，不得入會，因為他被「黑球否決」了。

　　「Token of affection」跟已知的握手方式有關。

上圖：共濟會的物件與用品，包括各式徽章、獎章、符號，用以表現會員的所屬層級。

這位法國人拖到一旁，另做處置。其他的入侵者可沒那麼幸運，落入憤怒農民手中的許多軍人，下場無疑頗為不堪。

到了第二次世界大戰時，共濟會成員可就沒有這麼幸運了。希特勒用毒氣室處死的共濟會會員最多有二十萬，因為他害怕這些人是某種神祕力量的基礎。德國人入侵英吉利－諾曼第海峽群島後，共濟會多處聖殿遭到全面搜索，不過會所成員可能躲過了壓迫。

有不少故事講述共濟會壯大的歷程。共濟會使用古巴比倫、古埃及、古羅馬的符號，他們自然也樂於想像組織的歷史可以上溯到如此遙遠的年代。不過共濟會更有可能是演變自石匠群體，這群人是中世紀四海為家的菁英群體。他們的工作是打造當代宏偉的大教堂、城堡，對他們而言，累積卓越的技能與知識是必要的，但他們也需要守護特殊的看家本領。

亨利·福特是《錫安長老會紀要》這份反猶太文件的死忠支持者。

他們發展出複雜的手勢、記號，確保石匠精進工藝技術，且能辨識出有同樣能力的人。

我們今天所知的共濟會所留下的第一筆史料記載出現在一七一七年，也就是倫敦第一總會成立之時。共濟會的會所從此遍布歐洲，成為跨國的兄弟會，階級嚴明、行事隱密。由於成員組成歧異頗大，或許過往某部分的會員偏愛進行神祕難解的活動，甚至犯罪行為，也不是全然不可置信之事。不過，如今的共濟會大致上是個無害的兄弟會，主要目標是慈善活動。

地獄之火俱樂部

世界上還存在不少地獄之火俱樂部（Hellfire Club）。以前曾有一家開設於澳洲墨爾本，營運了將近二十年的時光，是虐戀性傾向（sadomasochistic）同好相聚喝酒的去處。世界上第一家地獄之火俱樂部也差不多如此。

一開始，地獄之火俱樂部是由華爾頓公爵菲利普（Duke of Wharton，一六九八－一七三一年）於一七一九年創立的。兩年後，王室頒布法條禁止該俱樂部營運，內容大致上總結了該俱樂部的內涵：褻瀆、汙辱聖物、妄稱神之名、敗壞年輕男女的心靈。

一七三〇年代間營運的地獄之火俱樂部最為出名，常客有法蘭西斯·達許伍德爵士（Sir Francis Dashwood，一七〇八－八一年）及第四任桑威奇伯爵（Earl of Sandwich，一七一八－九二年）。最初的營運地點是倫敦的喬治與禿鷹旅舍，營業不久後搬到市郊地段，該地區現在被稱為地獄之火洞窟（Hellfire Caves）。許多名流權貴都是這間俱樂部的會員，包含班傑明·富蘭克林（Benjamin Franklin，一七〇六－九〇年）、威廉·霍加斯（William Hogarth，一六九七－一七六四年）、威爾斯王子腓德烈克（一七〇七－五一年）。俱樂部基本上看起來是個喝酒的地方，不過當俱樂部轉移陣地，在地下洞窟活動之後，其宗旨「為所欲為」（Fais ce que tu voudras）的意涵便稍有不同了。洞窟裝飾著異教符號，還有巨大的陰莖、祭壇。崇拜巴克斯（Bacchus，酒神）、維納斯的儀式喧騰熱鬧，美食美酒之外，還有蠟燭、縛繩、面具。與會人士當然不乏當地少女，不過她們獻上的只有初夜。俱樂部每個月會辦兩次活動，參加者都需要穿著儀式服裝。後來有人指控俱樂部遵行撒旦教，不過很可能是不實指控，那些人大概是過於嚴肅地看待上流社會在聲色場所的縱慾行徑。

第一任華爾頓公爵菲利普在閒暇之時，盡情地褻瀆上帝、喝酒、敗壞年輕女子的心智與道德觀。

獨行會

獨行百工會（The Independent Order of Odd Fellows，也譯獨立共濟會、獨立百工會）十分無害，標誌是三個互扣的環，環中寫著該組織的精神，意為「友誼、愛與真理」（Amicitia, Amor et Veritas），或許組織宗旨還應該加上「同樂」、「大吃大喝」。這個組織最初的樣子看

起來最像是飲酒俱樂部，此後組織一直秉持著無害的初衷。多年來，獨行會的自我定位彷彿是其他嚴肅組織的漫畫版存在，比如共濟會的搞怪版本。

　　同業公會與銀行在中古世紀、文藝復興時期興起，成為能影響社會的力量。石匠公會興起，且能演變成強大的祕密組織「共濟會」，正顯示這類組織手中握有大權。公會由一群師傅來經營，他們限制會員數，也享有特權。

　　由於公會受到師傅把持，同業中職等或技能較低者，自行發起了較為鬆散的組織，讓同行之間彼此照應，互相支援。公會只接受同行的人成為會員，不過新興的獨行會允許任何產業中「落單的夥伴」（odd fellow）加入。

　　獨行會並不認為自己是什麼了不起的組織，關於組織的緣起也有不少神祕離奇的故事。共濟會認為組織的歷史可延伸到古蘇美人，獨行會則認定自

下圖：一九一七年獨行會的會員標章。圖中三環象徵「友誼、愛與真理」。

圖中展示獨行會完整的裝扮，可以明顯看出與共濟會相似的識別設計。

己的祖先是古羅馬軍團。他們的起源故事有些異想天開：尼祿皇帝（公元三七－六八年）手下的一批士兵在公元五五年形成了初代組織。公元七九年「獨行會」組織被提圖斯皇帝（Titus，三九－八一年）正式認可，從此組織擴展到西班牙、葡萄牙，而到了十二世紀時，則進入英國與法國。另一個傳說認為獨行會緣起於某個古老的日耳曼集團，該集團在基督教時代來臨前就存在，保有民間信仰的儀式，並在公元九年發動了對抗羅馬勢力的條頓堡森林之役（Battle of the Teutoburg Forest）。

雖然這些組織緣起的傳說故事很可能是在酒精作用下產生的，不過其中或許有幾分真實性。現存最早的獨立會文獻是一七四八年的會議紀錄，主持會議的是第九會所，忠貞阿利斯塔克斯獨行會所（Loyal Aristarchus Odd Fellow Lodge，阿利斯塔克斯為古希臘天文學家），地點在「地球酒家」，不過另有一份更早的文獻提到該組織曾於一七四五年在倫敦南華克的奧克萊艾姆飯店聚會。大部分資料提到的英格蘭各地會所，都是在飯店或酒館聚會，文獻也常提到警隊人員被叫來制止醉酒鬧事的人們。

十八世紀後半葉，有兩種百工會，各自搶著吸納會員，分別為愛國百工會（Order of Patriotic Odd Fellows）與古百工會（Ancient Order of Odd Fellows），最後兩會放下歧見，合而為一，成為大一統百工會（Grand United

Order of Odd Fellows），並很快地在大西洋兩岸建立據點，美洲第一個聚會所在一八一九年於馬里蘭巴爾的摩開幕，名稱是獨行百工會。獨行會秉持該組織發跡時的寬容精神，向來擁抱進步價值，第一所非裔美國人獨行會所於一八三〇年代創立於紐約市，而美洲百工之女（Odd Fellows Daughters of America）各分會則在一八五〇年設立，招收女性會員。

　　獨行會跟共濟會一樣，會員之間藉由特定握手方式、記號當作暗號來辨別彼此。該會的入會儀式今天依然隱密不宣。以下紀錄來自某個可能目睹過入會儀式的人：

　　聚會所的接待大廳裝飾著蠟燭與掛幕。會中所有的兄弟都在場，人人戴著面具以掩飾真實身分。會長臉上罩白布條，布的頂端是假髮，他也穿著一件白色圍腰，材質是羊皮，帶有深紅色的裝飾。這個兄弟會主要是同樂會，不過倒是有一些地方彰顯會員級別。新成員在蒙著眼睛的狀況下被領到儀式場所。在一陣漫長等待中，他只聽得見蠟燭燃燒的聲音，以及他站立之處周圍，他人壓抑的呼吸聲。為了考驗新成員，他們會在他身邊碰撞鐵鍊，並製造其他不明聲響，好讓他驚慌。聲響演變成觸覺，還蒙著眼的新成員被潑了一桶冷水，還被樹枝輕輕拍打。入會儀式的高潮是新成員的面罩被人一把拿下的時刻，這時他會看見亮晃晃的長劍直指自己的胸膛。就在這種狀態下，他宣誓遵守組織的原則，至死方休。

　　想必這番說詞也是來自某個深夜的酒友會，當作無傷大雅的玩笑，新成員如果在入會儀式上流露出半點恐懼或驚惶，就會在日後成為大家的笑柄。獨行會的成員並不像共濟會那樣執著於晉升會中階級等次，該組織大致上是同樂會，主要關注的是善行、會員生活保障。獨行會發放津貼給逝世會員的遺孀，會中也有預備金可以支付喪葬費，要是有成員短暫時運不濟、失去工作，也可以動用這筆資金。當然，會員之間彼此幫助，尋找工作機會或生意上的互助，依然是組織首要任務。

　　不過，也不是誰都可以入會。若有新成員想要加入，得要先證明自己與家人健康無虞、財務良好，且品行端正。入會資格由會員投票表決，方法類似共濟會的黑白球表決箱，不過獨行會向來作風寬容，共濟會一顆黑球就出局，獨行會則要出現三顆黑球，才會否決新成員的入會申請。投反對票的人也通常會被要求提出反對的理由。大家話說清楚之後，會再舉行一輪投票，這回的表決結果則為最終議定。

大部分資料提到的英格蘭各地會所，聚會地點都是飯店或酒館，文獻也常提到警隊人員被叫來制止醉酒鬧事的人們。

當今的獨行會自稱為 IOOF（The Independent Order of Odd Fellows），在澳洲、墨西哥、菲律賓、古巴、委內瑞拉、智利、挪威、丹麥、芬蘭與其他國家都有聚會所，會員主要關切的是行善、自我覺察、跨越國籍藩籬的人際網絡交流。不過，該組織的會員數不斷下滑，也跟共濟會一樣，不少會堂輾轉出售，轉為私人財產。

聖範

如果犯罪頻仍、法外之徒對平民構成威脅，民間常會出現武裝自治集團。聖範（Holy Vhem，又譯為菲墨法庭、聖戒會）可說是神祕武裝自治集團的終極原型，聖範一開始是中古世紀日耳曼地區對抗罪犯的團體，他們入會時的效忠宣誓極為嚴苛，成員得發誓嚴守聖範的祕密，一旦洩密，該成員及其家人都必須自殺謝罪。聖範在社會上的作用是將鑄下大錯者帶到祕密法庭，並舉行審判——判決結果幾乎都是處死。

就連到了今天，德國可能還是存在聖範成員，如果你恰巧在餐廳吃飯

左圖：美國慈善家湯瑪斯‧懷迪（一七八二－一八六二年）出生於英國，以英國百工會為原型，在美國創立了獨行會。

右圖：英國國王喬治四世（一七六二－一八三〇年）同時是共濟會、獨行會的會員。

時，看到有人把自己桌上的餐具都排成放射狀，指向餐桌中心，那就是這個古老集團的成員正在向其他新會員展示自己身分。

中古世紀的德國由數百個城邦分據，所以盜匪、罪犯可在犯罪後逃到鄰近地區，只要是由另一個政府管轄，就算犯下滔天大罪，也不會受到刑罰。這樣的局面讓許多地方淪為法外之地，十三世紀時，犯罪最為猖獗的地區是西伐利亞（Westphalia），在萊茵河與威悉河（Weser）之間。沒有工作的傭兵、強盜貴族（封建時期對路過領地的人巧取豪奪的貴族）、犯罪團體在鄉間森林裡進行竊盜搶劫、勒索地方農民的勾當。自由民、商行匠工忍無可忍，組成了「騎士精神之聖範」（Chivalrous Order of the Holy Vehm），「範」的意思大致上是「約定俗成的法律」（「Vehm」在古高地德語中意為「懲罰」），成為有教會撐腰的武裝集團，大隊人馬追捕被他們遇到的盜賊、殺人犯，審判罪人，最後也得動手處刑。聖範組織階級嚴密，最高階級為法官（Stuhlherren），其次依序為代理法官（Freischöffen）、行刑者（Frohnboten）。他們藉由繁複的儀式來達到保密的作用以自保。入會的新成員會在半夜被帶到地方「法庭」，在庭上發誓嚴守機密，否則將殺死家人且自盡以示負責，才可以加入組織。

雙方約定的最後一個步驟是法官之一拔劍劃過新成員的脖子，割出淺淺的傷口，這些許的鮮血是警告，背叛組織者死。隨後，新成員親吻劍上的護手，宣誓效忠法庭暨其判決。他發誓將不計代價地執行一切的判決結果，若有人試圖阻擋處刑，除非貴為皇帝，否則一概不理。關於聖範的一切，連家人也不得告知。最後，他們會發下一條長繩與一把匕首，匕首上刺著「S.S.G.G.」也就是聖範的精神「棍棒、石頭、野草、淚水」（Stock, Stein, Gras, Grein）。

違反組織信條者將會受到嚴刑峻罰，被挖出雙眼、割掉舌頭後丟進火裡，最後還會被吊在最高的樹上，以儆效尤。

宣誓入會後，成員即開始參與「禁忌法庭」的事務，執行法庭判定的正義，滅除聖範視為有罪之人。法庭總是在深夜時分召開，地點是神聖的樹林、洞窟或河岸邊，該地點的某塊大石頭或樹幹上會刻有「S.S.G.G.」的字樣，表示這是法庭地點，神聖之地。法庭也會召罪犯出庭，如果他們不出席，就是有罪。也有嫌疑犯根本沒有接到傳喚，就被判刑，他們知道自己注定受死的時候，是被武裝分子拉下坐騎，或者從被窩裡被拉下床的那一刻。

處刑的殘酷程度通常差不多。高處掛上繩

右圖：聖範法庭。法庭一旦下達死刑令，沒有人逃得過，專業殺手將出馬追捕獵物，不計年日。

聖範宣布被告的判決，處刑者站在後方，手持斬首之劍，準備行刑。

索，其中一端是套索，圈著死刑犯的脖子，把他吊起，讓他掙扎喘息，斷氣
為止。到了清晨，過路的人可能會湊巧看到屍體懸空飄盪，下方的地面擺著
一把匕首，刀柄刻著 S.S.G.G.。「是聖範法庭啊！」路人默默地說。

　　沒人敢去動屍體。要是有人企圖保護被控有罪者，或者站出來證明他的
清白，甚至只是想要埋葬死者的屍體，都會跟罪人落得同樣的下場。

　　聖範法庭心狠手辣，沒有人逃得過。成員圍成一圈，法官拿出具有象徵
意義的繩索，拋出圈外，然後對著死刑受害者宣誓：「現在我詛咒這人發臭
的血肉與靈魂。他的屍體永不得入土為安，必然隨風而逝，或受猛禽、烏鴉
所噬，直至毀去。地上走獸將會吃他的身體。我現將此人的靈魂送到親愛的
上帝手中，若神竟願意接受他。」

　　聖範成員不得聲張審判結果，不過顯然街頭巷議總是會帶來風聲耳語，
所以許多人試著逃亡，不過最後還是會被抓到。聖範行刑者接到目標後，多
的是時間與資金來達成任務。就連住在城堡裡的騎士或貴族也無法高枕無憂，

因為只要他們哪天放鬆警戒，行刑者就會來執行任務，即使距離審判相隔數十年也一樣。

　　聖範成立後短短數十年，就吸引了成千上萬的人加入組織，他們最初的目標是消滅西伐利亞的流匪，自然達成了，但聖範法庭很快就逾越了初衷，編造出莫須有的異端或偷竊罪名，殺害大量的無辜者。教會人士與市民開始抱怨，聖範的所作所為終於在神聖羅馬帝國皇帝馬克西米連一世（Maximilian I，一四五九－一五一九年）任內認定違法。日耳曼多數市政、公國的執法能力已大為進步，讓聖範法庭的功用不再重要，最後，聖範在十六世紀結束之前，被迫轉為地下組織。

　　一八一一年的時候，在波拿巴（Jérôme-Napoléon Bonaparte，一七八四－一八六〇年）擔任西伐利亞國王時，明令禁止人民成為聖範會員。話雖如此，聖範組織似乎在暗中依然運作如常，甚至在納粹時期以反猶太組織的樣貌短暫復興。今天可能仍然有運作中的據點，不過最好不要深究該組織存在的目的。

錫安會

錫安會（The Priory of Sion，也譯郇山隱修會）於一〇九九年創立於耶路撒冷，該組織成立的唯一目的是尋找並守護重要文件：能證明法國墨洛溫王朝（Merovingian）王室血脈是耶穌基督與抹大拉的馬利亞的後裔，而耶穌與馬利亞有婚姻關係。抹大拉的馬利亞才是最初的聖盃，或者說，至少她的子宮是聖盃[1]，是基督寶貴血脈的源頭。聖殿騎士團也是由錫安會所創立，他們將聖殿騎士團當作軍事與財務上的支柱，讓錫安會能夠幫助墨洛溫王朝的血脈登上歐洲各國的王座上。

神聖羅馬帝國皇帝馬克西米連一世認為聖範對自己的權力產生威脅，因此致力剷除該組織。

　　錫安會在耶路撒冷時發現了文獻資料，能夠證明耶穌基督雖然來自希伯來王室血脈，是大衛王的後裔，卻是凡人，並不是神。根據傳說，耶穌與抹大拉的馬利亞生下了多位子嗣，且耶穌並未死在十字架上，而是以馬車帶著馬利亞與孩子們逃到了法國，他們的後代創立了墨洛溫王朝，在公元四五七年至七五一之間統治法蘭克人。

　　錫安會所發現的文獻能震撼世界。原始文獻的作者含耶穌本人及其追隨者，許多文獻把耶穌寫成像是導師的完人。文獻中最勁爆的是馬利亞留下的文字，詳細記載了她與耶穌的感情，以及他們前往法國的歷程。這些文獻正式粉碎了天主教傳遞的基督教故事，基督不是神，教宗也不是耶穌在世上的屬靈代理人。

　　一點也不令人意外的是，梵蒂岡的權勢集團並不喜歡這種此修正方向，這等於抹煞了天主教會的存在意義，且威脅了教會主宰的屬靈帝國。所以，教會抱持強烈偏見大力壓制聖殿騎士團，並逼迫錫安會轉為地下組織，此後七百年錫安會一直以祕密結社的方式存在。知道這些機密的還有純潔教派，所以為了確保教宗權力不受威脅，才會特意發動阿爾比十字軍聖戰（一二○九－二九年）殲滅其勢力。

　　此後數百年，歷代錫安會會長維持組織祕密存在，如達文西（一四五二－一五一九年）、牛頓（一六四三－一七二七年），他們將機密訊息隱藏在藝術作品或艱澀的科學對談之中。

畫家提香筆下的耶穌與馬利亞。創立錫安會的元老為這兩者編造出情節奇異的傳說。

1. 傳說中，耶穌在受難前最後的晚餐上使用的葡萄酒杯具有神奇的的力量，後人稱之為聖盃。

而後，到了二十世紀，皮埃爾・普朗達（Pierre Plantard，一九二○－二○○○年）在法國卡卡頌（Carcassonne）附近雷恩堡（Rennes-le-Château）的偏僻教堂裡，偶然發現了隱匿的文件，該地區是古時純潔教派常去之處。普朗達所提出的說詞，後來在巴黎國家圖書館中發現古老的文獻記載了錫安會的歷史，支持這套說法。

普朗達以錫安會為主題寫了不少書，他也宣稱自己是古老墨洛溫血脈的一分子，或許也沒什麼好奇怪的。不過，普朗達並不是唯一一位藉此獲利的人，作家丹・布朗（一九六四年）爬梳了不少同樣的歷史線索，編出來的故事成了百萬暢銷書。

可惜的是，一九九三年，一切都被推翻了，普朗達被迫在法國法庭上承認這是他主導的一場騙局，文件也是由他策畫偽造而來。他不過是個想像力太過豐富又有犯罪前科的騙子。所謂的歷史文件其實出

據說牛頓是錫安會的會長。想當然沒徵求過他同意。

於偽造專家菲利普・德・切里西（Philippe de Chérisey，一九二三－八五年）之手，也是他將這些假的史料混進法國國家圖書館館藏之中。至此，錫安會的故事已經被完全破解了，但還是有不少人相信其真實性，就像許多人相信偽科學、假歷史一樣。

文獻中最勁爆的是馬利亞留下的文字，詳細記載了她與耶穌的感情，以及他們前往法國的歷程。這些文獻正式粉碎了天主教傳遞的基督教故事，基督不是神，教宗也不是耶穌在世上的屬靈代理人。

5 現代密教

　　直到今天，祕密結社與宗教依然牽引著人們的想像力。雖然我們能假定今天的祕密團體不會再獻人祭，或是崇拜惡魔，但這些祕密宗教大多不跟大眾交流，也總是避人而目，不願為人所知。這些團體是否只是無傷大雅的怪人們，只是愛好奇裝異服，沒事聚在一起跳舞、享受大餐呢？還是，他們是神出鬼沒的權勢掮客，操縱世界上的各個政府與宗教？

三K黨

三K黨成員身著帽兜，引發千萬非裔美國人的恐懼，私下執行過的殘酷處刑不下千百次，他們是種族歧視恐怖攻擊的始祖，該組織最初的形式是有錢有勢的男性飲酒俱樂部，相較之下沒什麼侵略性，卻發展成祕密組織，決心為了在美國南北戰爭中落敗的南方邦聯復仇，南北戰爭始於一八六一年，於一八六五年結束。

一八六四年初，南方邦聯的領袖似乎認為他們仍有機會能阻止北方聯邦，且至少能為奴隸州爭取國際支持。美國南北內戰在一八六一年一月引爆，亞伯拉罕·林肯（一八〇九－六五年）當選美利堅合眾國總統，身為共和黨的林肯獲選的部分原因是廢奴主張，南方蓄奴州在他當選後宣布退出聯邦，引爆了內戰。

邦聯軍的佛瑞斯將軍今天在南方依然受人敬重，許多針對種族的暴行可能都得算在他頭上。

內戰過程頗為殘酷，南北兩方之間的邊界州四處都是游擊戰，一波未平一波又起，老百姓跟士兵一樣都被捲入無情的戰火之中。同樣慘不忍睹的情況也發生在戰場上，像是長管步槍、連珠槍、榴霰彈等新式武器射倒了無數士兵。暴行不斷上演，最令人髮指的其中之一發生於一八六四年四月十二日，由南方邦聯將軍奈森·貝福德·佛瑞斯（Nathan Bedford Forrest，一八二一－七七年）帶領兩千名南方騎兵，佔領枕堡（Fort Pillow）。他們俘虜的北方聯邦守軍大半是非裔美國大兵，佛瑞斯拒絕認定這些人是戰俘，將其全數屠殺，指使手下的人馬開槍或刺死敵軍，對棄械求饒者也照殺不誤。

一八六四年末，情勢丕變，北方軍在尤里西斯·S·格蘭特將軍（Ulysses S. Grant，一八二二－八五年）英明的領導下，資源調配大有長進，南方邦聯戰事於是告急。將軍威廉·雪曼（William Tecumseh Sherman，一八二〇－九一年）進攻美國西部支持分裂的各州，下令燒毀亞特蘭大市大半部分，並在一八六四年十一月十五日朝大海進軍，最後抵達海港沙瓦那（Savannah），

雪曼名言：「戰爭即地獄。」他在南方一路堅壁清野的策略，在許多人心中烙下怨恨。

他的焦土策略所波及的土地面積有四八〇公里長、一〇〇公里寬。

雪曼的名言是「戰爭即地獄」，他領導的軍事行動血腥殘暴，毀滅規模之大，導致南北人民心生隔閡，深仇大恨延續數個世代，而後來的三K黨正是藉由這股嗜血的情緒興起。

雪曼打下的勝仗，加上北方軍其他的軍事勝利，賦予連任的林肯信心，他推動國會通過《美國憲法第十三條修正案》，於一八六五年一月三十一日廢除奴隸制度。同年四月，反叛軍（也就是南方軍）節節敗退，四月九日，南方最後一支軍隊，在李將軍（Robert E. Lee）於阿波麥托克斯郡府（Appomattox Court House）向格蘭特將軍投降。

一開始只有六人

戰爭結束了，蓄奴派輸了，但許多南方人拒絕承認戰敗，也不願放棄將非裔美國人視為奴隸的心態。一八六五年十二月二十四日，南方田納西州的偏遠小鎮普拉斯（Pulaski）有六個前邦聯大兵，他們決定開個小玩笑，創立了一個祕密組織，這些人是：約翰·李斯特、約翰·B·甘迺迪、詹姆斯·R·克羅、法蘭克·麥克庫德、J·瓊斯、理查·里德。看起來，該組織的目的只是讓大家有藉口聚在一起喝酒並穿上奇怪的袍子，早期的成員中有個還有點學問，知道希臘詞「kuklos」是「圈」的意思，他們結合英語中的「clan」（氏族），將組織命名為「Ku Klux Klan」（英語慣稱「KKK」，中譯為三K黨）。

這六個人設計出了許多組織用的裝飾與排場，成為後來三K黨的正字標記，他們將神祕主義融入祕密入會任務、把組織主席頭銜稱作大獨眼巨人（希臘神話中的怪物）、副主席稱為大賢者（原是指為耶穌誕生獻上賀禮的東方三博士）。這些奇特的頭銜由來是個謎，很可能該組織最初真的只是一起喝

酒的同伴，沒有其他的目的。

　　最初的成員也發明了白面罩配高帽子、長袍或罩衫，甚至幫坐騎披上掛布，以掩飾自己的真實身分；如果要匿名行事，這些手段在南方的小型社區是必要的，因為每匹馬身上特徵就跟人臉一樣容易被認出來。這個小團體每次聚會就這麼做，他們意外發現當地的非裔美國人撞見他們半夜外出時都嚇得半死。時間一長，不少人有樣學樣，在南方各地都出現了模仿該組織的小型團體。

　　長袍上加上人類顱骨與兩根大腿骨，成為識別標記。

　　新加入的成員需要嚴肅發誓，承諾執行由獨眼巨人或獨眼巨人助手發下的命令，如果未能履行義務者，下場跟所有的叛徒一樣。

　　在當時，白人至上主義組織並不是只有三K黨，不過由於他們得到了前邦聯將軍的支持，比如佛瑞斯，組織得以迅速開枝散葉，在南方各處都出現了分部。每當北方軍隊、支持北方的人在支持分裂的州政府中獲得職位，三K黨就會出手維護白人主宰的社會秩序，他們會燒毀這些人的家園、私刑折磨非裔美國人、燒毀教堂、殺害北方佬。

　　有些州的局面非常失控，尤其是密西西比州，大批前邦聯士兵自發性地到處遊蕩，四處造成破壞。一八六七年，三K黨召開了首次全國大會，目的是編定組織規章與軍事化，成員稱組織為「南方隱形帝國」，奈森·貝福德·佛瑞斯是首任「大巫師」與「國家級領導人」，他也推動組織統整合一。不過，各地三K黨分部依舊

博物館所展示的三K黨服裝。今天的三K黨員活動時，也會穿著類似的禮服。

各行其道，自行推舉領袖，行事多憑衝動而非規畫。這時，三K黨中職稱為「巨龍」的人統領各自的領地（州），而「泰坦巨人」的職責範圍是自己所屬的郡，獨眼巨人照舊管理各自的「巢穴」。

　　南方各地區在短時間內充滿了成千上萬的面罩騎士，他們重要的任務之一是干擾一八六八年的大選，光是路易斯安那州，就有高達兩千位市民被殺或被打，只是為了阻止他們登記投票資格。某些教區的選票結果，民主黨得票率是百分之百（民主黨對三Ｋ黨的理念較為認同），而共和黨員有的受牢獄之災後被槍殺，或者在去投票所的路上被毆打。

　　南方社會中三教九流都來了：前科犯、殺人犯、被遣散的士兵、經濟作物園監工、民主黨政客、沒有技術的窮困農工——只要覺得生活被新法令威脅的人，都拿起武器，要讓黑人不得造次。國會議員詹姆斯·Ｍ·新德斯（James M. Hinds，一八三三－六八年）遭到暗殺，南方許多共和黨政治家也淪落同樣的下場。暴徒集結成小隊，在鄉間騎馬橫行，焚毀教堂、綁架社群領袖、殺害一家子的人，並毀壞經濟資產。

　　到了一八六九年，暴行的規模已然失控，宵小匪徒與罪犯就算不是黨

南北內戰的勝利者：尤里西斯·Ｓ·格蘭特。他擔任美國總統時，堅決反三Ｋ黨。

員也照穿黨服，藉著裝扮隱匿身分，到處偷盜、挾怨報復。暴亂的局面嚇得佛瑞斯趕緊要求解散組織。一八七一年，美國國會通過《三Ｋ黨法案》（The Ku Klux Klan Act），宣布該組織為恐怖組織。禁止「夜騎」，曾為將軍的格蘭特如今已是總統，他許可軍隊鎮壓混亂。南方部分郡縣實施動員戡亂，上千名三Ｋ黨員被捕、判刑監禁。共和黨民兵組織也加入，回敬三Ｋ黨的暴行。到一八七二年時，第一波三Ｋ黨勢力已被瓦解。

　　不過，穿著令人畏懼的帽兜、焚燒木製十字架等群聚活動，顯然對許多南方人而言具有強大吸引力，第一次世界大戰後有段時間，三Ｋ黨活動與理念大復興。顯然，多年來南方各州在沒有正式組織的情況下，依然維持著白人至上主義者的人脈網絡。一九一五年，瑞費（D. W. Griffith）執導的電影《國家的誕生》（The Birth of a Nation）中，三Ｋ黨儼然是捍衛「雅利安」白人的英雄。

該電影所描繪的南方白人處境艱難，夾在共和黨員與非裔美國人之間，而這些敵對勢力企圖在南方建立黑人帝國。電影中也納入我們今天會聯想到三K黨的視覺元素：白袍、尖帽、各式勳章與十字，還有最重要的：燃燒的十字架。三K黨認為焚燒十字架並非詆毀基督教價值，而是象徵在可怕的新世界中照亮黑暗的光明。

三K黨復興

讓三K黨再起的推手威廉・西蒙斯（William J. Simmons，一八八〇－一九四五年）是名被解聘的牧師，

威廉・西蒙斯利用宣傳策略、象徵符號、種族主義等力量推動一九二〇年代的三K黨復興。

他在喬治亞州的石山（Stone Mountain）山頂上焚燒一座巨大的十字架，象徵性地宣示一波新運動即將到來，並在南部州建立白人至上、新教派基督教、國族主義與白人女性的純潔性。

西蒙斯或許沿用了在《國家的誕生》電影裡看到的手法，他成為這股新風潮主要的宣傳者。邀請媒體觀摩組織活動，想方設法來取得全國人民關注。行事晦暗的組織吸引了數千名新成員。這時的三K黨添加了強而有力的新符號，除了燃燒的十字架之外，還有白袍、面罩、長劍，以及精心設計的入會儀式，儀式上的祭壇掛著美國國旗。

重生的三K黨認為他們的價值觀受到多方威脅：猶太人、天主教徒、亞洲人、共產黨員、聯邦主義者、歐洲移民、非盎格魯－撒克遜移民等，都被他們認定會為白人社會帶來危險。當時因為禁酒令造成犯罪猖獗、黑道橫行的情況，也被三K黨認定是威脅來源，他們也覺得爵士時代寬鬆的道德觀念是不對的。

基要派基督教牧師也加入了三K黨，並積極招募會員。一九二〇年代時，三K黨會員數高達數百萬人，儼然成為席捲全國的文化現象，浪潮從南向北，進入奧克拉荷馬州、賓夕法尼亞州、紐澤西州、紐約州等地區。會員數之多，

大衛・寇提斯・「史提」・史蒂芬森（一八九一—一九六六年）曾在一九二三年擔任三Ｋ黨印第安納州分部的「巨龍」（州領導人）。

讓三Ｋ黨的影響力能左右州選舉，甚至聯邦選舉。在該組織的要求下，美國通過了反移民法案、訂立移民人數限額，但三Ｋ黨並不滿足，他們堅持以暴力方式攻擊所謂的敵人。不過，這也為第二波三Ｋ黨復興埋下了沒落的種子。由於三Ｋ黨會員龐雜，又缺乏具有實力的全國性權力架構來組織成員，讓瘋狂反社會人格者的暴行，決定了這波社會運動的調性。印第安納州分部的「巨龍」史蒂芬森（D. C. Stephenson，一八九一—一九六六年），正是特別惡劣的混蛋。一開始，他招募會員的成績不俗，幾年內就讓印第安納州將近半數的成年男子都入會。

史蒂芬森在乎的不只是「道德風氣」，他活躍於政壇，總是關注局勢變化，而且他藉由掌控入會儀式程序、壟斷三Ｋ黨服裝配飾生意，積攢了一筆可觀的財富。由於大權在握，他以為他可以為所欲為。

史蒂芬森垮台的原因是一宗白人女子的強暴案，受害者名叫瑪吉・歐伯赫爾澤（Madge Oberholtzer，一八九六—一九二五年），從事識字教育推廣工作。她受制於三Ｋ黨暴徒之後，被強灌純威士忌，再被帶到史蒂芬森的私人火車上囚禁多天，期間遭到多次強暴，她承受異常粗暴的對待，身體上到處都有咬痕，有些咬傷非常深，尤其是胸部處的傷口。這些傷導致她幾週後死於感染。史蒂芬森被起訴後被判有罪，他在法庭上揭露了三Ｋ黨涉及重大貪腐之事，並點名多名收賄的政客。此案讓人們看清該組織的真面目，造成大量會員退出三Ｋ黨。

一九二七年，阿拉巴馬州分支爆出一波暴力毆打、私刑處決，更加速三Ｋ黨的衰退。這群人攻擊所有他們看不順眼的人，不論膚色黑白，只要被他們認定是挑釁就會被打。這番暴行讓美國民眾感覺三Ｋ黨越來越不符合主流美國價值，一九三〇年代間，全國會員數只剩下四萬。部分州政府通過法案

馬丁·路德·金恩厭惡無法無天的三K黨復興運動。金恩可能是因三K黨下令才遭到暗殺，雖然沒有人能證明。

禁止佩戴面具（節慶裝扮或華服美袍場合除外）。

聯邦政府、媒體、北方自由派人士開始意識到南方深刻的歧視與黑人艱難的處境，各地紛紛發起運動，重新呼籲人們正視眼前橫跨數個世代的偏差行徑。人們發起自由乘車運動[1]（freedom ride），譯按：人權分子前往南方州搭乘巴士，挑戰南方種族隔離風氣。、大批群眾集會，知名人權領袖聲援，如馬丁·路德·金恩（一九二九－六八年），讓黑人歧視成為需要社會回應的迫切議題，北方希望賦予黑人族群更多權利。

與這股力量對抗的是三K黨的關聯組織，包含密西西比州的「白騎士」，該組織在其他三K黨分支眼中被歸為激進暴力派，一九六四年時宣稱有一萬名成員與支持者，對他們而言，炸彈攻擊、謀殺、毀損財物都是家常便飯，幾乎到了只要有一天鄉下的路口或山丘上沒看到焚燒的十字架，就可以算是平靜祥和的一天。

第三波三K黨不若初期的規模那麼龐大，是個面貌模糊的組織，由臭味相投的種族主義白人所組成，他們可能出身警方、法院，或是富有的商人，

---

1. 人權分子前往南方州搭乘巴士，挑戰南方種族隔離風氣。

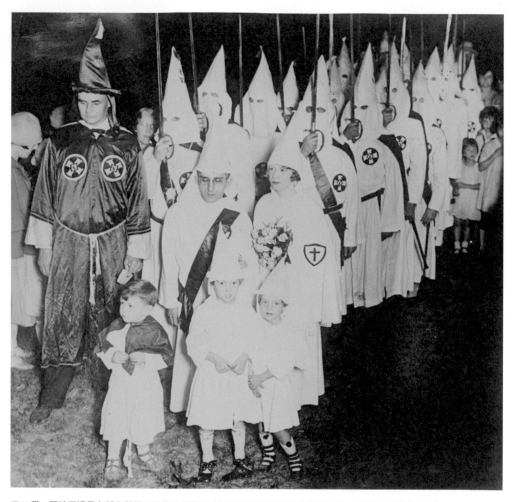

三 K 黨一開始不過是有錢有勢的男性飲酒俱樂部。該組織操弄美國男性的恐懼心理，成為跨世代的文化現象。

也有較為貧窮的白人，後者則較易訴諸暴力。由於聯邦政府長年追緝三 K 黨，該組織大致上只在地下活動，成員因為仇視非裔美國人而凝聚，各個堅守白人至上主義。在許多南方州是顯而易見的現象。「吉姆‧克勞法」（Jim Crow laws）將黑白族群隔離：黑人只能坐在巴士最後方，上餐館時不得坐在白人用餐區，只能去黑人專校就學等。要是有黑人自以為了不起，不是被痛揍就是遭私刑處決。

　　像白騎士這類組織的關鍵作法是組織黑人登記投票。沒有登記投票權的人沒辦法擔任陪審團，當然也不能投票給理解黑人處境的政府或官員。企圖登記投票的人會在途中被攔截、毆打，而鼓勵教徒參與投票的組織，甚至教

會，都會遭人縱火。光是一九六四年就有三十六間教堂被燒毀。

　　一九六四年，「自由之夏」運動開始，北方人權活動人士大批前往南方，希望盡可能幫助黑人登記投票——他們人數眾多，且言行都受媒體報導。他們特別鎖定密西西比州，可惜白騎士並不會對此袖手旁觀。一九六四年六月七日，三百名白騎士聚集集會，「帝國巫師」塞繆爾・鮑爾斯（Samauel Bowers，一九二四－二〇〇六年）宣布他們得對抗「黑鬼共產黨員」入侵，策略是武裝暴力小組行動，打完就跑。這番話所言不虛。第三波三K黨的暴力犯罪行為少說也有幾百起。

　　三位自由之夏運動參與者分到的任務是到密西西比州美里迪安郡為當地黑人組織投票登記站，他們的名字是安德魯・古曼（Andrew Goodman，一九四三－六四年）、麥可・舒瓦拿（Michael Schwerner，一九三九－六四年）、詹姆斯・厄爾・錢尼（James Earl Chaney，一九四三－六四年）。鮑爾斯帶領三K黨暴徒，加上「高級獨眼巨人」法蘭克・橫登（Frank J. Herndon）的協助，組織了一群人要攻擊這三名運動人士，其中的關鍵人物是白騎士「探勘者」詹姆斯・哈里斯（James T. Harris），他監視三人的一舉一動，並通報地點，讓暴徒能順利集結。

　　一九六四年六月二十一日一早，三名運動參與者前往錫安山循理會教堂勘查火災後的殘跡，這是他們想要建立登記中心的預定地之一。有人將他們的消息通報給納什巴郡（Neshoba）的警長，不久後三人在路上被警方攔下，捏造超速的罪名，將他們送往納什巴郡監獄。他們被囚禁的時間，就是三K黨集結處刑參與者的時間。

　　到了晚間十點，三人獲釋，但自由稍縱即逝，當他們開車離開美里迪安郡後，密西西比高速公路巡警尾隨在後，透過無線電向三K黨成員播報車子位置。不久，由皮卡與旅行車組成的大批車隊一擁而上，逼迫三人在漆黑的密西西比路邊停車。當地人深知大事不妙，老早回家待著，門窗緊閉、拉上窗簾，一心避免被波及。三人被送到偏僻的地點後拽下車。古曼在脅迫中，以跪姿頭部承受槍擊而死，舒瓦拿不久後也隨他而去。錢尼是三者之中唯一的非裔美國人，他的結局沒那麼俐落。暴徒痛打他一頓，又狠狠折磨他後，先朝他的腹部開槍，再朝頭部開槍，了結他的性命。

　　三K黨將屍體拖到一座水壩旁，使用耕耘機掩蓋屍體，並放火燒毀他們的車。可憐的古曼跟同伴一起被埋在地下的時候可能還活著，因為他的遺體解剖結果顯示肺部充滿密西西比的紅黏土，雙手也捏著同樣的土，表示他曾經試著為自己挖出一條生路。

今天我們認為是三 K 黨的標記符號其實大多出自電影導演葛瑞芬的想像。

　　這並不是唯一一起暴力事件。當時受害的還有不止一位女學生，教堂與猶太會堂也受炸彈襲擊，他們甚至強迫運動參與者自殺，族繁不及備載，暴徒卻還不願意停手，或許因而迫使聯邦調查局積極在該地區活動，並運用大量線人網絡來阻止三 K 黨的活動，尤其是大本營喬治亞、密西西比等地區。聯邦政府也加速通過法案，《一九六四年公民法案》（Civil Rights Act of 1964）、《一九六五年投票權法案》（Voting Rights Act of 1965）、《一九六八年公民法案》（Civil Rights Act of 1968）等法案賦予非裔美國群族更多力量，也讓三 K 黨脫離美國主流社會，縮減為由一群瘋子組成的恐怖神祕組織。

　　美國現今境內的三 K 黨會員人數可能約在六千至一萬人之間，雖然他們分散成更小的組織，彼此也是競爭關係，如白山茶花（White Camelia）、美國帝國氏族（Imperial Klans of America）、白山茶花騎士（Knights of the White Camelia）。他們與新納粹組織之間的往來也讓他們被看作同類，現在一般人將其視為反美邊緣組織。

黑人為次等公民

在一九六○、七○年代的人權運動之前，非裔美國人在美國的地位低下，承受私刑與歧視性法律。就算在三K黨勢力薄弱的時期，不少白人公民也巴不得能擔任法官、陪審團員、處刑者。

南北內戰後，數千名在南方州的黑人受到私刑處決。很多殺戮行動是三K黨所為，但也有不少並非如此。南方的警察常常在謀殺現場袖手旁觀，許多受害者從警長手下的牢房中獲釋之後，隨即落入虎視眈眈的暴民手中。法官通常允許這些行為，其實他們也不常需要審理這類的案件：根據估計，犯下私刑處決案件的白人，僅有不到百分之一會在被起訴後進入法院審判的程序。陪審團清一色是白人，所以就連這最後一小撮犯人也不會受罰。

只有投票者能坐上陪審團席，所以三K黨的重點活動之一是避免非裔美國人簽名登記投票。黑人不參與選舉的結果，就是社會以更為正式、官方的手段來打擊他們的社會地位，讓他們永遠是次等公民。

一八九○年代，美國最高法院立法認定種族隔離是合法的。阿拉巴馬、佛羅里達、喬治亞、路易斯安那、密西西比、南北卡羅萊納等州，都乘勝追擊，通過多條州法令，進一步限制黑人公民權。黑人不得在許多公共場所中與白人來往，包含巴士、餐廳、游泳池、廁所。這些法律統稱為「吉姆‧克勞法」，顯示種族歧視在南方許多州是根深蒂固的問題，三K黨只不過是這種偏見的外顯結果。

右圖：一九六○年代，人權運動分子抗議種族不平等。抗議者面對的是白人至上種族主義者的暴力、威嚇，甚至私刑處決。

骷髏會

　　祕密結社該有的排場，骷髏會（Skull and Bones）都有，其聚會所是恢宏的石面建築，就跟復活節島石像一樣神祕難測。骷髏會位於耶魯大學中心，會員都是地位顯赫的美國人，但是我們對該組織所知甚少，只知道成員稱這座建築為「墳墓」。

　　事實上，骷髏會基本上像喝酒兄弟會，規則跟《男孩專屬》（*Boy's Own*）雜誌上刊登的冒險故事很可能沒兩樣。骷髏會的重要之處在於位居美國權勢家族財閥的人際網絡中心。

　　骷髏會其實是兄弟會。就像喜劇演員貝魯什（John Belushi，一九四九－八二年）演出的電影作品一樣，兄弟會是充滿惡作劇、頑皮鬧事的地方，就算是上流社會的兄弟會也沒有不同。每年，耶魯大學裡擁有最富有、最有權勢的家庭背景的人，會有十五位接到邀請，有人拍拍他們的肩膀，告訴他們

耶魯大學的「墳墓」是骷髏會的總部。高聳的門牆之後，究竟是怎麼一回事，至今依然是個謎。

骷髏會為他們留了個位置。

　　這個社團是在一八三二年由威廉·杭亭頓·盧梭（William Huntington Russell，一八〇九－八五年）創立，盧梭家庭的財富來自奴隸買賣與鴉片，在當時並不奇怪。

　　你或許會想，創辦人竟然是這種背景，後來的新成員可能不會那麼爽快地答應入會吧，但事實卻不是如此。骷髏會的共同創辦人是阿方索·塔夫脫（Alphonso Taft，一八一〇－九一年），他的兒子是第二十七任美國總統，威廉·霍華德·塔夫脫（一八五七－一九三〇年）。

　　早期的社團成員替組織取了不少名字，如死亡會（Order of Death）、優洛金俱樂部（Eulogian Club）、修會（the Order）、三二二號聚會所（Lodge 322）。入會成員會以骷髏會職等自稱，如骨頭人、優洛金騎士、黑金男孩。女性成員直到近年來才被允許加入，其稱呼也按照同樣的命名邏輯：骨頭女、優洛金夫人、黑金女孩。

　　不過，雖然允許女性入會，骷髏會依舊是個不折不扣的兄弟會，充滿美式男子氣概風格的遊戲與玩樂方法。新生受邀入會時，他們會收到正式的入會卷軸，以黑色絲帶綁好再以黑蠟封緘，封蠟圖章是顆骷髏頭配上交叉的骨頭，符號下方標著數字 322。

　　被拍肩邀請入會是極為光榮的事情，不過偶爾也會有人拒絕入會。傳言入會儀式頗為嚴苛，而且發明儀式的是年輕男性，儀式本身帶有濃厚性意涵也不足為奇。新成員每週聚集一次，至少一年，用於自我分析或批評。入會第一天，他們會得到一個名字，來自著名的神話人物，比如波阿斯（聖經中娶了寡婦路得的財主）、瑪各（給女伴記錄最多的男人）、歌革（給處男）、小惡魔（給身高抱憾的）、長惡魔（給身高最高的）。既然身為菁英組織，他們使用的餐具當然要是希特勒的陶瓷餐具組，是在二次世界大戰後取得的。骷髏會鼓勵成員自稱為騎士，並將外人稱為野蠻人。「墳墓」裡的時鐘快五分鐘，標示他們的優越性。

　　根據一些紀錄，所謂的「CB 宣言」跟裸體躺在無蓋石棺裡有關。（希望他們有中央供暖！）再來是裸體泥巴摔角，以及各式各樣的狂歡作樂。骷髏會跟同類許多組織一樣，也規定新會員要通過考驗，才能取得完整的會員資格。社團名字就叫骷髏會，入會挑戰也不乏拿著屍體部位，甚至還有盜墓。據說，總統喬治·布希的祖父在大一新生的時候，行事乖張，普雷斯克特·布希（一八九五－一九七二年）決定，他要在骷髏會墳墓的內部裝潢留下一筆。布希與同夥跑到奧克拉荷馬夕爾堡（Fort Sill）的聯邦公墓，把阿帕契族

傳奇反抗英雄傑洛尼莫（Geronimo，一八二九－一九〇九年）的顱骨從墳墓裡挖了出來。

　　如果你相信這段傳說，這顆頭顱現在顯然被放在大廳裡最顯眼的位置，也就是人們所說的骷髏室。

　　所有入會者心裡都明白，他們終生都得替骷髏會保守祕密。如果房間裡有會員，人們又恰好在談論或詢問骷髏會的事，「騎士」必須馬上終止對話並離席，以確保他們不會洩露密，或說溜嘴。

　　當十五名新會員終於取得完整會員資格後，他們每個人都會得到一座老爺鐘，以及一萬五千元現金，作為禮物。這群人會合影留念，所有人圍著一張大桌子，或站或坐，氣宇軒昂，桌上有顆頭髏骨與交叉的骨頭，人群身後有座老爺鐘，鐘面時間永遠是晚間八點。

　　不過，真相是，我們對於「墳墓」聳立的門牆後面所發生的一切，幾乎一無所知。有謠言說，他們舉辦宴會的房間裝飾都是骷髏頭。除了傑洛尼莫的頭顱，他們顯然還持有墨西哥革命分子龐丘・威拉（Pancho Villa，一八七八－一九二三年）、古巴英雄切・格瓦拉（Che Guevara，一九二八－六七年）的頭顱。有人說，會員以頭顱為杯，豪飲紅酒。在這座建築的最底層是神殿式的空間，或許是為了異教崇拜儀式而設計，也可能布滿光明會的標記。

　　我們可以確知的是，骷髏會享有極大的權勢。可不是隨便的祕密結社都能吹噓組織擁有一座島，或佔地數百公頃的避暑山莊。這座島就是鹿島（Deer Island），位於美國與加拿大之間的羅倫斯河之上，島上有兩座網球場、可泊船的房子、奢華的住宿環境，還有一座露天環形劇場。

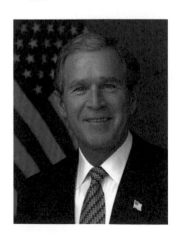

喬治・布希與對手約翰・凱瑞都是骷髏會的成員。此組織是美國特權的保壘。

　　美國許多世代掌握政治經濟大權的家族——如錢尼家族（Cheneys）、布希家族、塔夫脫家族、沃克家族（Walkers）、克拉克家族（Clarks）——也都曾為骷髏會的成員。家族之間的通婚、互助往來，想必也鞏固了他們在會中的位置。

　　二〇〇四年，民主黨約翰・凱瑞（John Kerry，一九四三－）競選總統，與時任總統的喬治・布希（一九四六－）打對台，兩人都是骷髏會成員。布希首任政務官之中，有十一位也是骷髏會成員。這顯然證明了，雖然骷髏會成員壟斷了財富與權勢，

但他們無法壟斷智商。或許,在那關鍵的幾年之間,如果是由不同的人來掌權,世界如今面對的紛擾未必會發生。

雷爾教

本書中所提到的諸多祕密結社、宗教的活動內容讀起來並不那麼讓人愉快,不過加入這一個組織的話,倒是可能有不少樂趣:雷爾教(The Raëlians)。教徒的世界觀大致上正面,不過內部聖域卻有許多機密之事,因為他們致力發展複製人與其他「外星」科技。

該組織是一九七四年由法國人克勞德・佛里宏(Claude Vorilhon,一九四六-)所創建,他是作家、音樂家暨賽車手。他曾感覺受到召喚,得去法國奧弗涅(Auvergne)地區的死火山山口走一趟。克勞德表示,自己當時

克勞德・佛里宏宣稱外星人曾來找過自己,並指引他盡可能跟人發生性關係,越多越好。

因為丟下工作在鄉間漫遊而感到愧疚，不過他感到一股力量牽引他往那裡去，而他心中的疑惑很快就得到了解答，他看到天空中閃爍的強光，那光一下子就變得更強，從天上降下來中型的銀色飛行器。克勞德一看，又緊張又興奮，心想：「這就是人家說的那種幽浮。」該飛行器寬七公尺，伸出三支細長的支柱，降落在克勞德所站的地方。

機艙的活板門下方出現了一道伸縮式階梯。此時克勞德已非常緊張，他打定主意，要是看到任何武器就要馬上逃跑，不過在那之前他願意暫且相信這個奇異的訪客。

雷爾教的成員扮成外星人，出現於南韓街頭。該組織不斷宣揚強烈的反核信息。

他的決定是幸運的，不久，一位僅有一·二公尺高的矮小男子從飛行器中冒出來，身穿綠色長衫，臉上蓄著山羊鬍、留著長髮。這位跨越銀河的訪客給人的感覺是滿滿的愛。外星人自稱是雅威（Yahweh，也作耶和華），並對震驚無比的克勞德表示，如今他有了新的身分：克勞德將成為埃洛希姆（Elohim，也作以羅欣）種族在人類之中的親善大使，他也將改名為雷爾。接下來六天，克勞德待在封閉的飛行器之中，跟這位矮小的訪客在一起，聽訪客訴說人類起源的真相。

他所接收到的訊息，其核心概念是自己應去傳揚雷爾的話語，雷爾意譯就是「神的光」。「埃洛希姆是原本用來稱呼神的詞，這個詞被腐化之後才變成了「神」這個詞，也就是說，雷爾的意思是「埃洛希姆／神的光」。

雅威向克勞德解釋自己是耶洛哈（Eloha，埃洛希姆的單數），與族人住在遙遠的銀河中。多年來，埃洛西姆最頂尖的科學家不斷嘗試藉由複製人技術來創造生命，不過有些埃洛希姆對此抱持懷疑態度，所以科學家們被迫尋找新

雷爾成員在南韓的示威活動。有些國家的政府畏懼雷爾運動，雖然該組織相信的是友愛與和平。

的星球來繼續實驗。所以，兩萬五千年前，他們從母星出發，並發現了地球，當時地球不過是顆充滿水的大球。埃洛希姆使用原子武器，在地球上打出坑洞、堆出陸塊，也就是後來形成的海洋與大陸。

接下來，他們開始創造生命，一開始只是創造病毒、細菌，不過他們很快就進步到能創造出簡單的植物、魚、爬蟲類，終於也造出了最美好的哺乳類。這位綠色小人兒宣稱，所有的化石紀錄都來自他的族人所做的實驗，所有的生物都經過微調校正，成為恰好適合環境的模樣。從事此等「智能設計」的實驗室是塊人工大陸，被稱為「伊甸園」。

終於，他們決定要用耶洛哈的 DNA 來創造人類。最純粹的人類形式擁有最多耶洛哈 DNA，就是以色列人，而埃洛希姆接下來也將造訪以色列。

這位小哥繼續解釋道，綜觀歷史，埃洛希姆已經向人類傳送訊息，以確

保人類跟造物者保持聯繫，這些訊息包含佛陀、耶穌、穆罕默德、摩門教創辦人約瑟夫・史密斯（一八〇五－四四年）、施洗約翰、摩西。各個時代的藝術作品都有埃洛希姆的形象，畫作中的天使、兒童天使就是例子。

雅威也解釋，一旦智能設計的基礎被傳給新任命的先知，人們就會接納作為新宗教的雷爾教。首先，並沒有上帝。創造一切的是埃洛希姆，既然人類在基因上與埃洛希姆相連，我們事實上就是造物者。信徒將透過複製人的方式得到永生。既然世上沒有神，各大宗教不認同的行為，只要你喜歡又不會傷害他人，都可以去做。

克勞德・佛里宏特別強調這段信息，他在許多著作與宗教手冊中都表示，埃洛希姆鼓勵人進行性行為。

事實上，根據克勞德自己在不同地方的說法，他自己曾被傳送到埃洛希姆家園所在的世界，在那裡參與一段悠長的「泡澡活動」，一起泡的有六位基因完美的女子，每一位都是自身種族基因構成最好的楷模，包含北歐人、亞洲人、非洲人。

雷爾教在這個層面的信仰可能是信徒最受到吸引的部分（相較於相信一位綠色矮人存在而言）。同性戀、雙性戀、泛性戀、自慰都是教中會大力鼓勵的行為，因為所有嚴格的戒律禁令，都是早期先知留下的訊息被歪曲的結果。成人間的合意性行為在雷爾教被認為有益健康，應大力推廣。基本上，這個宗教的信念可說是：「寬衣解帶是好事！」而「感性冥想」練習則是修練成聖最好的方式。除此之外，該教在其他層面的事情都頗為隨和，信徒就算不進行十一奉獻或固定參加聚會，也不會受到任何處罰。

雷爾信徒嚮往的完美世界裡，全球會分成十二大宗教，人們可以自由選擇想要參與哪一個。這些宗教不會動刀動槍，世界上不需要戰爭，世界將由「天才政治階級」統治，只有最聰明的人才能投票或擔任統治者。所有的個人物品都屬於群體，嚴格的生育控制也會大幅縮減世界人口數。

根據雷爾教的經典，該教的角色是在以色列準備幽浮停機坪，在埃洛希姆從天而降時迎接他們，讓他們為世界帶來和平與祥和的新時代。我們的社

根據雷爾教的經典，該教的角色是在以色列準備幽浮停機坪，在埃洛希姆從天而降時迎接他們，讓他們為世界帶來和平與祥和的新時代。

雷爾教在加拿大蒙特婁的遊行。該教鼓勵教徒盡可能尋找寬衣解帶的機會。

會將會提升至跨銀河的科技社會，一片祥和。

　　雷爾教的總部位於瑞士，其活動內容不對外公開。看起來，雷爾教的高層已經耗費了數百萬元的資金在複製人科技上，這些高層人士當然是由克勞德領導，還包含「嚮導的嚮導」等教中人士。雷爾教還有一個祕密附屬組織叫做「科隆內」（Clonaid），曾於二○○二年宣稱已成功製作出第一名複製人。

　　此後又至少生產出十二名複製人。許多贊助雷爾教的人是出於自身不孕，他們相信或許有機會能藉此複製自己。雷爾教從未同意提供任何一位複製人做基因檢測，表示他們怕這些孩子會被迫離開「父母」。該領域受人敬重的專家中，多數認為成功複製人類的技術還不到位，而該組織也從未交出任何科學檢測結果，不過是場好賺的騙局。該教還有更大膽的宣稱，表示組織有能力將人的心智轉移到該人的複製人身上，藉此獲得永生。

黃金圈騎士團

　　一八五四年七月四日，冒險家喬治・比寇里（George W. L. Bickley，一八二三－六七年）在俄亥俄州辛辛那提創立了祕密組織「黃金圈騎士團」（The Knights of the Golden Circle）。比寇里是出名的江湖郎中，不過他的確有能力吸引到一票支持者，尤其在德州頗受歡迎。他創立黃金圈騎士團的用意在於打造出可以蓄奴的帝國，面積涵蓋幾十萬平方公里，帝國中心在古巴哈瓦那（Havana）。該帝國的領土還包含德州、墨西哥、西印度群島、整個中美洲，以及部分南美洲。

　　該組織很快就吸收了幾千名「騎士」（成員），散布在數百座「城堡」（聚會所）中。一八五八年，該組織與侵略性強的孤星會[2]（Order of the Lone Star）一起進入公眾視野，他們的目的也呼之欲出：招募私人軍隊侵略墨西哥。一八六〇年時，數千名騎士在德州集結，預備朝墨西哥國界進攻，不過由於缺乏資金，該計畫不久就告吹了。

　　但是，這股運動風潮沒有結束，人們在華盛頓特區成立新總部，並為該組織發行報紙，發表多篇文章鼓吹脫離聯邦。當林肯當選美國總統時，騎士團早就開始在南方召集反抗軍隊，因為他們認為自己受到北方侵略的威脅。該騎士團也迫害住在南方州卻支持聯邦的人、舉辦支持聯邦集會者。騎士團計畫攻下聯邦政府在北卡羅萊納、維吉尼亞州的堡壘，也有證據指出，有些成員計畫在一八六一年暗殺亞伯拉罕・林肯，要趁他路過巴爾的摩去參加總統就職典禮的時候下手。

　　南北內戰開打後，黃金圈騎士團中，還留在支持聯邦州的人，則領導組織「銅頭蝮」（Copperhead），這是由民主黨員組成的鬆散組織，他們期望盡快平息與蓄奴州的衝突，找到和平解決辦法。

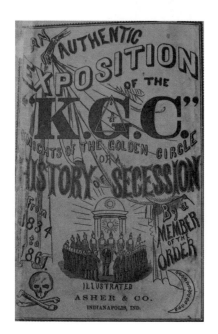

黃金圈騎士團的宣傳手冊。感謝老天，該組織與其充滿種族歧視的宣言，在美國內戰之後就瓦解了。

---

2. 孤星為德州的暱稱，來自其州旗。

　　北方的報章雜誌大篇幅地報導黃金圈騎士團的力量，引起人們的恐慌，報導表示，數千名騎士蓄勢待發，就要推翻某些州政府，如印第安納州。報導還說，瘋狂的騎士團還有打擊部隊，準備在紐約、波士頓、費城等地縱火、進行炸彈攻擊。

　　當時有份小手冊在民間流傳：《黃金圈騎士團詳實解析，含祕密手勢、握手方式、審訊法》（*A True Disclosure and Exposition of the Knights of the Golden Circle, including the Secret Signs, Grips and Charges of the third Degree as Practiced by the Order*），顯示該組織在當時會員眾多，勢力不亞於共濟會。

　　這些陰謀最後沒有什麼實際成果。雖然騎士團部分成員所帶領的一些突襲行動成功，確實侵襲了聯邦的土地，但是南方邦聯軍隊的高層很少隸屬黃金圈騎士團，要是真的有，也是寥寥無幾。當內戰情勢變得不利於南方州之後，該組織改名為美洲騎士團。邦聯政府傾注大量的資金與武器給「銅頭蝮」，冀望該組織能引起各方起義反抗林肯政府，不過這些野心最後付諸東流。

　　事實上，在此之前，比寇里就已經拋棄邦聯軍，被聯邦軍隊俘虜了。他一度扮成隨軍醫師，但是一段時間之後他不喜歡這工作就逃跑了，沒想到卻被敵軍俘虜。他顯然不是能指揮全局的料子，而是個小偷，又是個重婚者。到了一八六四年，人們都知道黃金圈騎士團已經癱瘓無用了。

　　不過民間的流言蜚語依舊，說不定，約翰‧懷克斯‧布　　思（John Wilks Booth，一八三八－六五年）可能就是受到該組織的資金與武器

約翰‧懷克斯‧布思可能曾為黃金圈騎士團的一員。他暗殺林肯，南方州並未因此得到什麼好處。

贊助，成功暗殺了林肯，該組織還幫助他成功逃亡。也有報導指出，「黃金圈」寶藏庫至今依舊藏在德州的沙漠之下。

劍橋使徒

乍看之下，劍橋使徒（The Cambridge Apostles）是個無害的祕密結社，宗旨是享用「鯨魚大餐」（烤麵包佐沙丁魚），並討論一點文學與哲學。不過，所有的祕密結社都一樣，默默藏著某些黑暗的祕密。至於劍橋使徒，他們的祕密是二十世紀最大宗間諜案醜聞。

劍橋使徒成員來自劍橋大學，被選入會的人大多來自聖約翰學院、三一學院、國王學院。大體而言這個社團是討論或辯論社，關切主題如道德學、文學、神性。社團始於一八二〇年，創辦者是喬治・湯林森（George Tomlinson，一七九四－一八六三年），最初組織名稱是劍橋藝文座談會，創

劍橋使徒的據點位於劍橋國王學院。該組織是否依然運作、聚會，如今成謎。

社成員有十二位，這個數字讓成員們自稱為劍橋使徒。多數社員是研究生，稱自己為使徒，已經離開大學的則稱為天使。大約每兩年，所有的天使與使徒會齊聚一堂舉辦宴會，享受只有自己知道的社團聚會。

外人沒有任何管道能申請加入使徒的行列。新社員，不分男女（女社員在一九七〇年後才出現），都要透過既有社員提名，經過全社投票通過，才能入會。

候選人需要得到所有社員的認同票，還必須在某個領域有特殊長才。過往與現今的社員名單有好些菁英知識分子：著名經濟哲學家約翰·梅納·凱恩斯（一八八三－一九四六年）、詩人魯伯特·布魯克（Rupert Brooke，一八八七－一九一五年）、伊拉斯謨斯·達爾文

英國首相亞瑟·貝爾福是劍橋使徒會終身會員中，眾多有影響力的人之一。

（Erasmus Darwin，一八〇四－八一年），也就是是達爾文（一八〇九－八二年）的哥哥、桂冠詩人丁尼生（Alfred Lord Tennyson，一八〇九－九二年）、英國首相亞瑟·貝爾福（Arthur Balfour，一八四八－一九三〇年）、深具影響力的第三代羅斯柴爾德男爵，維克多·羅斯柴爾德（Victor Rothschild，一九一〇－九〇年）等，都是社團成員。其他成員還包含布盧姆茨伯里派（Bloomsbury Group），的核心人物，如李奧納德·吳爾芙（一八八〇－一九六九年），他是維吉尼亞·吳爾芙（一八八二－一九四一年）的先生，另一位社員則是雷頓·斯特拉奇（Lytton Strachey，一八八〇－一九三二年）。

劍橋使徒跟許多祕密結社一樣，有一套只有社員才知道的暗語。經過社員提名入會的研究生被稱為「胚胎」，提名者則是「父親」，入會儀式被稱為「誕生」，而離開大學的社員則「起飛了」。

一九三〇年代劍橋使徒會路線偏向左派意識型態，蓋伊·勃吉斯
利用他的關係，發展他做為蘇聯間諜的職業生涯。

提名候選人被社團接受後，「胚胎」將受邀參與會議，在會議上得知他走運了。同時，他將得知社團的規矩、風俗、傳統，同時他必須發誓保密。最後，他得在「大書」上簽名，這本名冊配有皮革封面，上面的會員可追溯至一八二〇年代。上面也記載了社團的規則，以及針對不積極參加聚會社員之建議罰責。

入會儀式之後，社員必須固定於每週六晚上參與討論會，地點是社員之一的學院教室。聚會前抽籤決定誰必須在當天發表論文，其他人則以該文章為出發點，開始針對主題進行討論或辯論。「暴動時間」熱烈討論的同時，他們會享用沙丁魚與咖啡。論文與手稿筆記都會留存在「大書」裡面，所以「大書」越來越厚，不止一冊。所有的文件都存放在某個由黎巴嫩雪松製成的箱子裡，他們稱這只箱子為「方舟」，製造年分為一八八六年，現今存放在國王學院的閱覽室館藏中心裡。

十九世紀間，劍橋使徒似乎往進步自由派靠攏，希望能解放知識分子，讓人不被成見與偏見蒙蔽。

該組織在英國社會也舉足輕重，三十四位天使都任職於英國國會（甚至有一位當選美國國會議員）。

二十世紀初時，社團風氣很可能改變了，因為多數社員都身為劍橋大學同性戀次文化的一分子，而一九三〇年代間，幾乎所有的新社員都接受共產主義思想。

這樣的改變引爆了祕密社團有史以來最大的醜聞，公眾頭一遭知道該社團的存在，就是一九五一年劍橋間諜圈案被揭露的時候。三名使徒——蓋伊·勃吉斯（一九一一－六三年）、唐諾·麥克林（一九一三－八三年）、金·非爾比（一九一二－八八年）——被發現他們瀆職，將英國政府與國安資訊交給俄羅斯情報局。數十年後，人們再度發現，又有社員是間諜圈的一員，

那就是安東尼・布朗特（一九〇七－八三年）。布朗特還為蘇維埃政府吸收了不少具有影響力的美國、英國人。還有兩位使徒也加入了這個間諜網絡，里奧・隆、約翰・彼得・亞斯特伯瑞，而他們也洩露了手中的機密資訊。許多人背叛國家的原因可能是害怕同性戀性向被揭發，政治意識形態也有影響。

　　維克多・羅斯柴爾德可能也參與了這場密謀，不過他設法擺脫嫌疑，依舊能掌握許多政府決策。他的案子似乎被輕輕放下了。一九四〇年，是他找安東尼・勃朗特來做情報工作。也是他出租房子給好友蓋伊・勃吉斯，只收微薄的租金。他也跟其他間諜圈裡的主要成員合作，如金・非爾比，英國軍情六處的辦公室就位於維克多在巴黎的豪宅之中。此外，他也曾承認他「能理解」共產主義。

　　劍橋使徒今天可能依然存在，不過沒有人能肯定。或許五〇、六〇年代的負面媒體報導讓該社團成為貨真價實的祕密社團了。

比爾・柯林頓之所以能選上美國總統，或許背後是有畢德堡會議的成員為他撐腰。

畢德堡會議

　　美利堅合眾國某個小州的州長不太有名，卻受邀前往一九九一年的畢德堡會議（The Bilderberg Conference）。隔年，阿肯色州州長比爾・柯林頓一下子魚躍龍門，成為美國總統。

　　一九九三年，東尼・布萊爾還是英國下議會反對黨成員，卻受邀參加當年的畢德堡會議。一九九四年，他被提拔成為英國勞工黨黨魁，一九九七年五月當選英國首相，持續任職十年。

　　這是巧合嗎？

　　世界最大的石油公司、汽車製造商的代表常常受邀與會。雖然石化燃油的危險、內燃機所造成的環境傷害已經得到充分證明，而碳中和機器的優點也很明顯，我們依然繼續使用落伍的科技製

造能源、進行運輸。

這是巧合嗎？可能吧⋯⋯也可能不是。以上只不過是幾道可以拿來問這個現代神祕組織的小問題。

畢德堡會議只不過是個半正式的組織，有群「傢伙」（多數為男性）聚在一起開會討論事情罷了。這其中並沒有什麼陰謀，也並不是所謂的「新世界秩序」，不是凌駕國家、操控世界局面的組織。

這正是畢德堡集團希望我們相信的。事實上，該組織超級神祕，世界上最有權勢的人們隱匿他們的行動、會議、討論內容，相關人事物一律保持沉默。搞不好他們謀畫邪惡不法之事，也可能根本沒這回事。我們只是完全一無所知，目前沒有任何紀錄，相關之人都發誓要保密。高度機密的作風當然會讓人們充滿臆測，想像會議中實際所發生的事情。

畢德堡會議一年一度，為期三天，地點會選在某個已開發國家。

荷蘭親王伯哈德，畢德堡會議是他的心血結晶，也使他成為二十世紀最有影響力的人之一。

只有受邀才能參加會議，特定領域的專家可能會受邀參與其中一天的會議，分享所知。首次會議於一九五四年五月二十九日至三十一日舉行，地點是荷蘭宜人小鎮奧斯特貝克（Oosterbeek）上的畢德堡飯店。最初是論壇，關切並討論因為蘇維埃陣營興起而造成的議題，西歐國家與美國則可以藉此拉近關係。首次會議的參與名單是五十位掌握大權的政府官員與商業領袖，來自十一個歐洲國家，也有十一位美國人。艾森豪總統（一八九〇－一九六九年）以及美國中情局局長樂見其成，他們派了身居要職的代表團，以擴展美國利益。當時美國政府是這場開幕典禮的最大金主。

首屆論壇非常成功，此後每年都會舉辦類似的會議。組織也設立常委會與常務祕書處，至今依舊以荷蘭為總部持續運作著。常委會的成員選自約十八個西方強權國家，一國兩名。常委會負責

發出邀請函、預訂適當且安全的集會場所、將會議報告發送到與會者手上，包含過去與會人士。或許最重要的是，該組織有每個人的聯絡資訊，所以參與者離開會議之後，還能互相聯繫、諮詢意見——可能是終極權勢團體人脈網。該組織還另設顧問團，擔任「獵頭」，尋找適合加入的新成員。

怎樣的人才夠格來畢德堡？看受邀名單就知道了。贊助會議，或派遣高層參加會議的大公司包含福

畢德堡飯店，也是會議名稱來源。第一場會議的金主是美國中情局。

特、美國中情局、英國軍情六處、英國石油公司、匯豐集團、德意志銀行、高盛集團、哈佛大學、普林斯頓大學、巴克萊銀行、飛雅特汽車公司、葛蘭素史克集團、亨氏食品、諾基亞公司、施樂公司、瑞安航空、安盛保險、國際貨幣基金組織、歐洲中央銀行、拜耳、克萊斯勒集團、空中巴士公司、谷歌、紳寶集團、波音公司、美國陸軍、殼牌。看起來名單上並沒有進步派智庫的人。其他的與會成員通常來自政府組織，大致上關切商務利益，而非慈善關懷類。

不過，畢德堡可是荷蘭親王伯哈德（Prince Bernhard，一九一一－二〇〇四年）的主意，打從一開始就把新興與傳統權勢集團放在一起。比如，近年來的與會名單就有法國伯爵亨利‧德卡翠斯（Henri de Castries，一九五四年－）、英國外交官約翰‧蘇瓦斯爵士（Sir John Sawers，一九五五－）。

當好人墮落：幫派的起源

　　日本極道、義大利黑手黨、中國三合會、華僑堂口等組織，總是讓該地區奉公守法的小老百姓避之唯恐不及。這些組織是祕密地下結社，擁有複雜的儀式、入會程序，組織講究忠誠勝過一切。如今成員守口如瓶的目的大多是為了隱瞞犯罪行為。

　　這些組織最初成立的目的，是為了保護弱小，而非欺凌他們。

黑手黨

　　黑手黨一開始是南義地區與西西里的兄弟會，這片土地由於位居重要戰略地位，數百年來不斷受到各方勢力侵襲掠奪——拜占庭人、諾曼人、日耳

法蘭克·卡斯戴洛 (Frank Costello)，盧西安諾 (Luciano) 犯罪家族族長，照片中的他出庭作證面對美國政府。少有人能打破黑手黨的沉默。

就連聯邦調查局也無法找到任何願意透露阿爾·卡彭（Al Capone）的線人。卡彭被起訴的罪名只有逃漏稅。

曼人、穆斯林、法蘭西人、西班牙人——各個都想收歸己有。當地世襲繼承土地的男爵則橫徵暴斂，剝削貧困的佃農。

通常，農民想要活下去的唯一辦法是集結武裝，暗中祕密行動，對抗不公義的世界。這些小團體整併後，形成另類的權力結構，成員遵守「omertà」（沉默誓言）以求生存。不久，這些黑手黨開始欺負最初想要保護的對象，向人們索取保護費，掌控地方經濟大權。

最有名的的黑手黨集團

「Cosa Nostra」意為「我們的事」，他們的總部在西西里，義大利半島南方。

「N'drangheta」意為「光榮會」，該組織來自曾經一片綠意盎然的義大利南方，卡拉布里亞。

「克莫拉」（Camorra）是義大利第三大黑手黨，於那不勒斯發跡，現今依然掌握歐洲時尚產業。

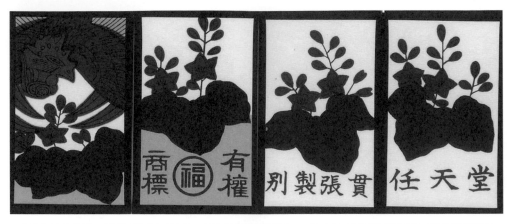

日本花札（也作花牌）。玩家的手牌若加起來有二十點，是最糟糕的組合——「ヤクザ」，也就是極道的俗稱，意思是「最壞組合」。

　　二十世紀，義大利西西里、卡拉布里亞（Calabria）、那不勒斯地區的移民在世界各地成立黑手黨網絡，美國尤多。

堂口

　　堂口在十九世紀中在美國大城市的中國城逐漸發跡。一開始是慈善團體，在大會堂祕密集會，成員發誓效忠守密。成員固定投入資金，以幫助彼此支付喪葬費、醫療費、失業救濟。堂口也提供保護，抵抗其他暴力、多帶種族歧視的組織。各堂口人數越來越多，不久就開始做起非法勾當，比如賭博、鴉片交易、娼館等生意。不同堂口會競爭勢力，二十世紀初，「常有會堂械鬥，他們拿鋒利的中式剁刀當作武器互鬥。」

　　　成員需發誓守密、效忠。成員固定投入資金，以幫助彼此支付喪葬費、醫療費、失業救濟。

顯示極道刺青的老照片。
當他們穿上衣服後，可以
到處走動而不被發現。

三合會

　　三合會起源於中國，最初是為了保護中國佔多數的漢民族，不受外國人
掠奪襲擊。三合會的名稱來自一六四四年一百三十三名武僧集結打退滿洲入
侵者。多數武僧死於戰場，活下來的五人創立了天地會。他們以三角形為標
誌，代表天、地、人之間的神聖連結，因此稱為三合。

　　中國各地紛紛出現了互有關聯的類似組織。所有組織行事都十分隱密，
以免滿洲侵略者追捕、折磨幫會成員。雖然這些組織自稱為國為民，實質上
卻是犯罪集團，利用中國人沉溺鴉片、賭博、女人等劣習來賺錢。

　　最有名的三合會幫派是杜月笙的青幫。杜月笙（一八八八－一九五一

年）綽號大耳，一九二七年與蔣介石（一八八七－一九七五年）合作在上海進行清黨，去除共產黨員，協助建立國民政府。不過，一九四九年共產黨政權接管中國，三合會勢力被大力壓制，只有香港、台灣的三合會留有生存空間。

極道

　　日本「侍」自認是有光榮的武士階級，不過現實生活中，武士是兇惡的強盜，殺戮大量政敵與其臣屬、掠奪小農、蹂躪鄉野、縱火田園，看誰不順眼就殺誰。

　　平民百姓自發武裝團體來保衛農民。「町奴」蒐集拾獲的武器，對抗四處掠奪的武士團體，有時會拿著長型武器「槍」（やり）追殺他們。

　　後來，十九世紀末的明治維新時期，日本推動現代化，造成的結果之一是消滅了侍階級，但是較不正式的町奴卻在革新運動之下留存了下來，逐漸以「ヤクザ」自稱。他們打發時間的方式是賭博，特別喜歡玩一種叫花札的牌局遊戲。在牌局中，每人手中有三張牌，最糟的組合加起來是二十點，也就是「ヤクザ」，意思是「八九三」。以前極道分子曾自詡為窮人的守護者，如今卻自視為「最壞組合」，社會中的壞蛋。

　　辨別極道成員的方法是華麗的刺青，有時也會看到斷掉的小指頭：成員要是違背組織的做事方式，必須切掉自己的指頭，作為懲罰的印記。「指詰め」是指在眾人面前切下自己的指頭，特別是重要的老大面前，代表該成員知錯且有勇氣。極道鼎盛時期，成員估計高達十八萬四千名，分成五千兩百個幫派，各有其地盤與負責的生意。現在依然是日本社會強大的力量之一。

左圖：描繪浪人的木刻版畫，浪人指沒有
主家的武士。最初人們是為了對抗浪人
而組織勢力，後來演變成極道。

> 　　辨別極道成員的方法是華麗的刺青，有時也會看到斷掉的小指頭：成員要是違背組織的做事方式，必須切掉自己的指頭，作為懲罰的印記。

赫密斯派黃金黎明協會

　　赫密斯派黃金黎明協會（Hermetic Order of the Golden Dawn）可說是神祕主義的百貨公司，於一八八八年創立於倫敦，信徒可以在其中找到所有類型的神祕習俗、信仰與儀式。威認創辦者有三位：威廉·伍曼博士（Dr. William Woodman，一八二八－九一一年）、威廉·韋恩·威斯考特（Dr. William Wynn Westcott，一八四八－一九二五年）、塞繆爾·里戴爾·馬瑟斯（Samuel Liddell Mathers，一八五四－一九一八年）。

　　這三名紳士所創辦的組織階級結構來自共濟會會所，不過一開始就歡迎女性加入。該協會的儀式來自《密碼手稿》（The Cipher Manuscripts），這份靈性著作矯揉造作，而且特意用複雜費解的特里特米烏斯密碼（Trithemius Cipher）寫成，讓文章更加晦澀難解。

　　黃金黎明協會跟同類祕密結社一樣，成員要晉升級次才能習得更多知識。協會所傳授的知識涵蓋頗廣（且牽強），成員若通過三個等級後，將會嫻熟於：施咒、塔羅牌、瑜伽、占星術、起乩、靈魂投射（靈魂出竅的一種）、赫密斯術（hermeticism，作者注：是什麼就別問了）、鍊金術、魔導書（魔法文字）、占土術、赫密斯卡巴拉（Hermetic Qabalah），並能掌握古埃及埃西斯神（Isis）、歐西里斯神（Osiris）的崇拜信仰。

　　赫密斯派黃金黎明協會最有名的成員是惡名遠播的神祕學家阿萊斯特·克勞利（Aleister Crowley，一八七五－一九四七年）。黃金黎明協會對他而言太過小兒科了，他跟多數成員鬧翻之後，離開組織自行創立了泰勒瑪俱樂部（Thelema Club），其宗旨是「為汝所欲為」。對照之下，黃金黎明協會的宗旨是「信如所欲信」。在我們看來，克勞利之所以被要求脫離協會是因為他無法隱藏自己偏好年輕男子的性傾向。離開協會後，他繼續過著神祕主義與陰謀詭計的生活，曾一度自稱是聖經《啟示錄》中的六六六之獸。雖然他待在赫密斯派黃金黎明協會的歲月並不長，卻讓他對神祕學儀式建立起嚴實的基礎，在日後能藉此進行種種惡行。

右圖：威廉·韋恩·威斯考特是赫密斯派黃金黎明協會創辦人。他把所知的神祕主義噱頭都拿來湊在一起，創立了該宗教。

主業會（天主的事工）

　　主業會（Super Christians Opus Dei）是一九二八年由聖施禮華神父（Josemaría Escrivá，一九〇二－七五年）於西班牙創立。主業會的形象並不總是正面。丹·布朗《達文西密碼》所改編的好萊塢電影就把主業會描繪成教皇的暴力集團，西拉修士替梵蒂岡幹盡骯髒事。這位有白化症的瘋癲武術專家固然是銀幕傑作，卻也是浮誇的想像。

　　總之，主業會在許多方面可以被視為激進天主教祕密結社。成員誓守戒律，每分每秒都必須心向基督，過著嚴格被安排的作息。七成的教徒是有家庭的成員（Supernumeraries），在俗世中過一般的生活，而獨身者（Numeraries）則是住在主業會會所的會員，過著禁慾生活，約有二％的會員為任命祭司。

　　成員宣誓入會後，個人自由極為受限，就算是有家庭的成員也一樣。他們必須將大部分的收入交給主業會，而獨身者則需要將收入全數上繳給組織。所有的成員每天都必須長時間祈禱，早上睡醒的第一個念頭必須是「serviam」，拉丁語的「我願服事」。組織會向教徒公布他們可以觀看閱讀的書籍、電影，可以穿的衣物，可以吃的食物。他們的信件受到嚴格的審查，每週都必須向靈性上級懺悔——不只是關於自己在靈性上的過犯，也得交代其他成員的過犯。懲罰十分嚴厲，常見的作法是以「苦修帶」（cilice）自我鞭打，這是一條帶刺的鏈子。另外常見的懲罰是移除讓生活舒適的物品，比如睡覺用的寢具。

　　現今主業會約有十萬名教徒，不過我們無法確知，因為教徒名單在教宗手上，是項機密。教徒常被鼓勵脫離家庭，以過著更接近上帝的生活，教徒的言行舉止都得是為了成為「尋常聖人」而做，也就是無罪之人。

左圖：聖施禮華，主業會創辦者。
今人將他視為基督的戰士。

延伸閱讀

書：

Begg, Paul and Fido, Martin. *Great Crimes and Trials of the Twentieth Century*. London, Carlton, 1997.

Brackett, D. W. *Holy Terror: Armageddon in Tokyo*. Boulder, CA, Weatherhill, 1996.

Bugliosi, Vincent. *Helter Skelter: The True Story of the Manson Murders*. London, Arrow, 1992.

Clarke, Phil, Hardy, Liz and Williams, Anne. *Executioners: Men and Women Who Kill for the People*. London, Futura, 2008.

Gardiner, Philip. *Secret Societies: Gardiner's Forbidden Knowledge*. London, New Page Books, 2007.

Goldwag, Arthur. *Cults, Conspiracies and Secret Societies*. London, Vintage Books, 2017.

Hieronimus, Robert. *Founding Fathers Secret Societies*. Merrimac, MA, Destiny Books, 1989.

Howells, Robert. *The Illuminati*. London, Watkins, 2016.

Kaplan, David E. and Marshall, Andrew. *The Cult at the End of the World*. New York, Crown, 1996.

Reston, James. *Dogs of God: Columbus, the Inquisition, and the Defeat of the Moors*. New York, Doubleday, 2005.

Ryan, Tom. *China Rising*. Collingwood, Victoria, HTAV, 2012.

Scheeres, Julia. *A Thousand Lives: The Untold Story of Jonestown*. New York, Free Press, 2011.

Wasserman, James. *An Illustrated History of The Knights Templar*. Merrimac, MA, Destiny Books, 2006.

網站：

Taiping Rebellion
http://taipingrebellion.com

Cielo Drive
www.cielodrive.com/charles-manson.php

影片：

Witness To Waco. Directed by Gaskins, Faith, and Holmes Gaines, Silvia. MSNBC, 2009.

右圖：在《美國獨立宣言》文件上連署簽名的人，有許多是共濟會會員。圖中的喬治・華盛頓穿著共濟會的圍腰。

索引

圖片來源

11, 18, 190 © Everett Historical | Shutterstock • 12 © Militarist | Shutterstock • 22, 25 © SIPA PRESS/REX/ Shutterstock • 26 © Elizabeth Baranyai/Sygma via Getty Images • 27, 173 © Everett – Art | Shutterstock • 28 © FORT WORTH STAR TELEGRAM/SIPA PRESS/REX/ Shutterstock • 33 © Maffi | Shutterstock • 35 © Chuck Nacke / Alamy Stock Photo • 36 © The Asahi Shimbun via Getty Images • 38 © AFP/AFP/Getty Images • 41 © Aflo Co. Ltd. / Alamy Stock Photo • 44 © Franck Robichon / Epa/REX/Shutterstock • 45 © Geoff Stearns | Creative Commons • 46 © TORU YAMANAKA/AFP/ Getty Images • 47 © molekuul_be | Shutterstock • 48 © Mega Pixel | Shutterstock • 51, 118 © Marzolino | Shutterstock • 52 © David Howells/Corbis via Getty Images • 53 © Oleg Golovnev | Shutterstock • 54 © Nancy Wong | Creative Commons • 56 © Don Hogan Charles/New York Times Co./Getty Images) • 59 © Jonestowne Institute • 60, 65, 70 © Everett Collection Historical / Alamy Stock Photo • 62 © Bettmann | Getty Images • 66 © Perry Correll | Shutterstock • 73 © The Washington Post/Getty Images • 74 © AP Photo/Jack Kanthal • 77 © ANDRE PICHETTE/AFP/Getty Images • 78 © PONOPRESSE/ Gamma-Rapho via Getty Images • 79 © Alain Nogues/ Sygma/Sygma via Getty Images) • 80 © II/O photo supplied to Newsmakers by David McNew • 82 © E. Kolmhofer, H. Raab; Johannes-Kepler-Observatory, Linz, Austria | Creative Commons • 84, 180, 185 © Bettmann • 85 © Anne Fishbein/Sygma via Getty Images • 87 © Sipa Press/REX/Shutterstock • 88 © Axel Koester/ Sygma/Sygma via Getty Images • 90 © Charl898 | Shutterstock • 91 © Granger Historical Picture Archive / Alamy Stock Photo • 94 © Leon Rafael | Shutterstock • 98 © DR Travel Photo and Video | Shutterstock • 106 © Alireza Javaheri | Creative Commons • 109 © The Granger Collection | Alamy Stock Photo • 110 © Nabih Farkouh | Creative Commons • 115 © Jerzy Hauziński | Creative Commons • 120 © Yavuz Sariyildiz | Shutterstock • 125 © Morphart Creation | Shutterstock • 126 © Chris Hellier | Alamy Stock Photo • 131 © William Girard Girard | Alamy Stock Photo • 133 © ASSOCIATED PRESS • 134 © Keystone Pictures USA | Alamy Stock Photo • 135, 137, 204 © Everett Collection Inc / Alamy Stock Photo • 136 © Ralph Crane/The LIFE Picture Collection/Getty Images • 141, 162 © Classic Image | Alamy Stock Photo • 143 © Stefano Bianchetti | Corbis via Getty Images • 144 © Popperfoto | Getty Images • 146, 148, 149 © Wellcome Image Library • 147 © David Bjorgen | Creative Commons • 152 © Andrew Shive | Creative Commons • 155 © Anton_Ivanov | Shutterstock • 157 © Chronicle | Alamy Stock Photo • 160 © aSuruwataRi | Shutterstock • 163 © Leemage | Corbis via Getty Images • 165 © Eluvietie | Creative Commons • 166 © Carl Flood | Shutterstock • 176 © INTERFOTO | Alamy Stock Photo • 183 © Alizada Studios | Shutterstock • 195 © Christopher Morris/Corbis via Getty Images • 196 © Nesnad | Creative Commons • 199 © MC INNIS ALLEN/PONOPRESSE/Gamma-Rapho via Getty Images • 202 © Pajor Pawel | Shutterstock • 206 © Nationaal Archief Fotocollectie Anefo • 207 © Michiel1972 | Creative Commons • 210 © Fraxinus2 | Creative Commons • 216 © Oficina de Información de la Prelatura del Opus Dei en España | Creative Commons

Mirror 035

祕密會社與邪惡教派：以神為名的殘酷密令
SECRET SOCIETIES AND CRAZY CULTS
The Story of Secret Orders Through the Ages

國家圖書館出版品預行編目 (CIP) 資料

祕密會社與邪惡教派：以神為名的殘酷密令 / 強納森 .J. 摩爾 (Jonathan J. Moore) 著
; 柯松韻譯 . -- 初版 . -- 臺北市：天培文化有限公司出版：九歌出版社有限公司發行，
2023.02
　　面；　公分 . -- (Mirror ; 35)
譯自：Secret societies and crazy cults : the story of secret orders through the ages
ISBN 978-626-7276-00-6(平裝)

1.CST: 祕密會社 2.CST: 歷史

546.909　　111021819

作　　者 —— 強納森‧J‧摩爾（Jonathan J. Moore）
譯　　者 —— 柯松韻；程道民（前言與第一章）
責任編輯 —— 莊琬華
發 行 人 —— 蔡澤松
出　　版 —— 天培文化有限公司
　　　　　　台北市 105 八德路 3 段 12 巷 57 弄 40 號
　　　　　　電話／ 02-25776564‧傳真／ 02-25789205
　　　　　　郵政劃撥／ 19382439
九歌文學網　www.chiuko.com.tw
印　　刷 —— 晨捷印製股份有限公司
法律顧問 —— 龍躍天律師‧蕭雄淋律師‧董安丹律師
發　　行 —— 九歌出版社有限公司
　　　　　　台北市 105 八德路 3 段 12 巷 57 弄 40 號
　　　　　　電話／ 02-25776564‧傳真／ 02-25789205
初　　版 —— 2023 年 2 月
定　　價 —— 450 元
書　　號 —— 0305035
Ｉ Ｓ Ｂ Ｎ —— 978-626-7276-00-6
　　　　　　9786267276020（PDF）

© 2018 by Quarto Publishing Plc
The original title: *SECRET SOCIETIES AND CRAZY CULTS*
The Story of Secret Orders Through the Ages by Jonathan J. Moore

Translation © 2023 Ten Points Publishing Co., Ltd.
All rights reserved.

Printed in Taiwan

（缺頁、破損或裝訂錯誤，請寄回本公司更換）版權所有‧翻印必究